Sekundarstufe

Kurt Schreiner

Stationenlernen Kalter Krieg

Der Ost-West-Konflikt

Individuelles Lernen

Differenzierend

Motivierend

- Übersichtliche Aufgabenkarten
- Schnelle Vorbereitung
- Mit Lösungen zur Selbstkontrolle

www.kohlverlag.de

Stationenlernen Kalter Krieg

7. Auflage 2023

Inhalt: Kurt Schreiner
Coverbild: © emeraldphoto - fotolia.com
Redaktion: Kohl-Verlag
Grafik & Satz: Kohl-Verlag
Druck: farbo prepress GmbH, Köln

Bestell-Nr. 11 887

ISBN: 978-3-96040-014-1

Bildnachweise:

Seite 9: Bundesarchiv, Bild 101I-024-3543-09 / Heuberger / CC-BY-SA 3.0 - commons.wikimedia.org; *Seite 10:* © FDR Presidential Library & Museum - commons.wikimedia.org; JStalin_Secretary_general_CCCP_1942_commons.wikimedia.org - gemeinfrei; *Seite 11:* Bundesarchiv, Bild 183-H27035 / CC-BY-SA 3.0 - commons.wikimedia.org; *Seite 12:* Map-Germany-1947_© 52 Pickup - commons.wikimedia.org; *Seite 13:* Bundesarchiv, Bild 183-R77767 / CC-BY-SA 3.0 - commons.wikimedia.org; *Seite 14:* AmericanAndSovietAtElbe_commons.wikimedia.org - gemeinfrei; *Seite 15:* Berliner_Luftbruecke1_1948_Landesbildstelle Berlin_commons.wikimedia.org; *Seite 16:* Occupied_Berlin_© Stefan-Xp - commons.wikimedia.org; *Seite 17:* © enterlinedesign - Fotolia.com; *Seite 18:* Bundesarchiv, Bild 183-49658-0009 / Mihatsch / CC-BY-SA 3.0 - commons.wikimedia.org; © Jonathan Stutz - Fotolia.com; *Seite 19:* DBP_1980_1034_Bundesrepublik_in_der_NATO_commons.wikimedia.org - gemeinfrei; *Seite 20:* Bundesarchiv, Bild 183-30562-0001 / CC-BY-SA 3.0 - commons.wikimedia.org; *Seite 22:* AdamSmith - commons.wikimedia.org - gemeinfrei; © klange76 - Fotolia.com; *Seite 23:* © amironov - Fotolia.com; Warsaw_Pact_Logo_© Fenn-O-maniC - commons.wikimedia.org; *Seite 25:* Bonn_Museum_Koenig_Parlamentarischer_Rat - © Sir James - commons.wikipedia.org; *Seite 26:* Bundesarchiv, Plak 005-002-008 / CC-BY-SA - commons.wikimedia.org; *Seite 27:* Helmstedt_Reichsstrasse1 - © US Border Patrol/Scanned and uploaded by Glasnost - commons.wikimedia.org; *Seite 28:* Bundesarchiv, Bild 183-08483-0003 / Köhler, Gustav / CC-BY-SA 3.0 - commons.wikimedia.org; *Seite 29:* © juliars - Fotolia.com; © PixelPower - Fotolia.com; *Seite 30:* © Artenauta - Fotolia.com; *Seite 31:* Bundesarchiv, Bild 146-2004-0092 / Wolf, Helmut J. / CC-BY-SA 3.0 - commons.wikimedia.org; *Seite 32:* Bundesarchiv, Bild 183-K0616-0001-174 / Koard, Peter / CC-BY-SA 3.0 - commons.wikimedia.org; *Seite 33:* Workers_Revolt_in_Berlin_-_Flickr_-_The_Central_Intelligence_Agency; *Seite 34/57:* Bundesarchiv, Bild 183-1990-1003-400 / Grimm, Peer / CC-BY-SA 3.0 - commons.wikimedia.org; *Seite 35:* Bundesarchiv, Bild 173-1321 / Helmut J. Wolf / CC-BY-SA 3.0 - commons.wikimedia.org; *Seite 36:* Refugees_at_the_Marienfelde_Refugee_Camp_-_Flickr_-_The_Central_Intelligence_Agency; *Seite 37:* Sputnik_asm - commons.wikimedia.org - gemeinfrei; *Seite 38:* Ernest_Hemingway_1950_crop - commons.wikimedia.org; © Popova Olga - Fotolia.com; *Seite 39:* Korean_War_Korean_civilians-ca1951 - commons.wikimedia.org - gemeinfrei; *Seite 40:* Programme_du_Parti_Communiste_Marxiste_Leniniste_de_France - PD-old - commons.wikimedia.org - gemeinfrei; *Seite 41:* UH-1D_helicopters_in_Vietnam_1966 - commons.wikimedia.org - gemeinfrei; *Seite 42:* Viet_Cong002 - commons.wikimedia.org - gemeinfrei; *Seite 44:* Amerikar - wikimedia.org - gemeinfrei; Spähtrupp_Fennek_in_Afghanistan - © Bundeswehr-Fotos - wikimedia.org; *Seite 45:* Soviet_Invasion_of_Czechoslovakia_-_Flickr_-_The_Central_Intelligence_Agency; *Seite 46:* Alexander_Dubcek_B - © National Archives (archive.org) - wikipedia.org; *Seite 47:* Brezhnev_1973 - © Knudsen, Robert L. - commons.wikimedia.org; *Seite 48:* © TTstudio - Fotolia.com; Brezhnev_1973 - © Knudsen, Robert L. - commons.wikimedia.org; *Seite 49:* Bundesarchiv, Bild 146-1989-047-20 / CC-BY-SA 3.0; *Seite 50:* Bundesarchiv, B 145 Bild-F031406-0017 / CC-BY-SA 3.0 - common.wikimedia.org; *Seite 51:* Bundesarchiv, Bild 183-P0730-033 / Demme, Dieter / CC-BY-SA - common.wikimedia.org; *Seite 52:* Strajk_sierpniowy_w_Stoczni_Gdańskiej_im._Lenina - © Jacek Awakumowski - commons.wikimedia.org; *Seite 53:* Flag_of_the_United_Nations_(1945-1947) - commons.wikimedia.org - gemeinfrei; *Seite 54:* © inga - Fotolia.com; RIA Novosti archive, image #359290 / Yuryi Abramochkin / CC-BY-SA 3.0 - commons.wikimedia.org; *Seite 55:* Bundesarchiv, Bild 183-1989-1104-004 / Lehmann, Thomas / CC-BY-SA 3.0 - commons.wikimedia.org; *Seite 56:* Bundesarchiv, Bild 183-1989-1110-038 / Ludwig, Jürgen / CC-BY-SA 3.0 - commons.wikimedia.org; *Seite 58:* EinigungsvertragBRD-DDR - © Hadi - wikimedia.org; *Seite 59:* © Ruslan Gilmanshin - Fotolia.com; © frizio - Fotolia.com; *Seite 60:* USSR_Republics_Numbered_Alphabetically - © Aris_Katsaris - commons.wikimedia.org; *Seite 63:* © emeraldphoto - Fotolia.com; © icholakov - Fotolia.com; *Seite 64:* © yang yu - Fotolia.com; © freshidea - Fotolia.com

Der vorliegende Band ist eine Print-Einzellizenz

Sie wollen unsere Kopiervorlagen auch digital nutzen? Kein Problem – fast das gesamte KOHL-Sortiment ist auch sofort als PDF-Download erhältlich! Wir haben verschiedene Lizenzmodelle zur Auswahl:

	Print-Version	PDF-Einzellizenz	PDF-Schullizenz	Kombipaket Print & PDF-Einzellizenz	Kombipaket Print & PDF-Schullizenz
Unbefristete Nutzung der Materialien	x	x	x	x	x
Vervielfältigung, Weitergabe und Einsatz der Materialien im eigenen Unterricht	x	x	x	x	x
Nutzung der Materialien durch alle Lehrkräfte des Kollegiums an der lizensierten Schule			x		x
Einstellen des Materials im Intranet oder Schulserver der Institution			x		x

Die erweiterten Lizenzmodelle zu diesem Titel sind jederzeit im Online-Shop unter www.kohlverlag.de erhältlich.

Inhalt

KOHL VERLAG Stationenlernen Kalter Krieg – Bestell-Nr. 11 887

Übersicht

1. Von der Waffenbrüderschaft zum Kalten Krieg

Stationsname	Niveau	Seite
Die Anti-Hitler-Koalition	⊙	9
Versuch einer Neuordnung nach dem Krieg	⊙	11
Die Truman-Doktrin	!	13
Die Berlin-Blockade	⊙	15
Kleines geschichtliches Quiz	!	17
... und noch einmal	★	17

2. Bündnispolitik und Rüstungswettlauf

Stationsname	Niveau	Seite
Der Ostblock	⊙	19
Sozialismus und Kapitalismus	★	21
Die NATO	!	23
Der Warschauer Pakt	!	23

3. Deutschland im Kalten Krieg

Stationsname	Niveau	Seite
Die Teilung Deutschlands – Der Westen	⊙	25
Die Teilung Deutschlands – Der Osten	⊙	27
Unterschiedliche Systeme – Die Bundesrepublik Deutschland	!	29
Unterschiedliche Systeme – Die Deutsche Demokratische Republik	!	29
Die Wiederbewaffnung Deutschlands	!	31
Der Volksaufstand vom Juni 1953 in der DDR	⊙	33
Die Berliner Mauer	⊙	35

4. Die Konkurrenz der beiden Weltmächte

Stationsname	Niveau	Seite
Rüstung, Wirtschaft und Wissenschaft	!	37

Übersicht

Einsatz der Materialien

Sehr geehrte Kolleginnen und Kollegen,

dieses Werk zum ***Stationenlernen Kalter Krieg*** soll Ihnen ein wenig Ihre alltägliche Arbeit erleichtern. Dabei war es uns besonders wichtig, Stationen zu kreieren, die möglichst schüler- und handlungsorientiert sind und mehrere Lerneingangskanäle ansprechen. Denn nur so kann das Wissen langfristig gespeichert und auch wieder abgerufen werden. Die Reihenfolge der Stationen orientiert sich in der Regel am zeitlichen Ablauf. So können sich die Schüler die zeitliche Abfolge der Ereignisse und Entwicklungen verdeutlichen und in ihrem individuellen Arbeits- und Lerntempo bearbeiten. Durch den variabel ausfüllbaren Laufzettel wird bei dieser sehr differenzierten Arbeitsform stets der Überblick gewahrt. Die Materialien eignen sich auch hervorragend für die Selbstlernzeit oder als Ausgangspunkt für Gruppendiskussionen.

Das Heft ist in folgende Bereiche aufgeteilt:

- **Von der Waffenbrüderschaft zum Kalten Krieg**
- **Bündnispolitik und Rüstungswettlauf**
- **Deutschland im Kalten Krieg**
- **Die Konkurrenz der beiden Weltmächte**
- **Die Stellvertreterkriege**
- **Unruhen im Ostblock**
- **Das Ende des Kalten Krieges**
- **Zeittafel**

Stationen:

Die Stationskarten enthalten bewusst keine Nummerierung, um einen flexiblen Einsatz zu gewährleisten. So kann jeder selbst entscheiden, welche Stationen er bearbeiten möchte. Dies können beispielsweise lediglich Stationen aus einem Bereich sein, ebenso gut können jedoch Stationskarten aus allen Bereichen vermischt werden. Nach Belieben können Sie die Stationen auch nummerieren, um den Schülern die Zuordnung zu erleichtern. Die Stationen können in Einzel-, Partner- oder Kleingruppenarbeit erarbeitet werden, je nach Vorliebe der Lehrperson bzw. der Klasse.

Einsatz der Materialien

Differenzierung der Aufgaben:

Innerhalb der Bereiche gibt es drei Schwierigkeitsstufen zur Differenzierung.

⊙ G = Grundlegendes Niveau

! M = Mittleres Niveau

✶ E = Erweitertes Niveau

Die Aufgaben zum grundlegenden Niveau sollten von allen Schülern bearbeitet werden. Aufgaben mit mittlerem Niveau bieten Erweiterungen und höhere Anforderungen als das grundlegende Niveau. Die Aufgaben des erweiterten Niveaus sind sogenannte Expertenaufgaben und enthalten vertiefende oder weiterführende Inhalte.
Je nach Leistungsstand können Sie jedoch problemlos Stationen anders kennzeichnen.

Lösungen:

Wer die Aufgaben der Schüler korrigiert, hängt zum einen von der Lerngruppe und zum anderen von den Vorlieben des unterrichtenden Lehrers ab. So kann dieser die Verbesserung der Schüleraufgaben selbst übernehmen oder diese Aufgabe in die Verantwortung der Schüler übergeben. In diesem Fall haben Sie die Möglichkeit, die Karten einfach auszuschneiden und zu laminieren. Die passende Lösung befindet sich dann direkt auf der Rückseite der Aufgabe. Das fördert die einfache Selbstkontrolle. Alternativ können Sie die Seiten jedoch auch kopieren und die Lösungen, für die Schüler erkenntlich markiert, an einem anderen Ort positionieren.

Nach dieser kurzen Einführung wünschen Ihnen viel Spaß beim Einsatz der vorliegenden Materialien Ihr Kohl-Verlag und

Kurt Schreiner

Symbole:

⊙ Grundlegendes Niveau

! Mittleres Niveau

✶ Erweitertes Niveau

Name: ______________________________ Datum: ________________

Stationen-Laufzettel

⦿ Grundlegendes Niveau

Station	Stationsname	erledigt	korrigiert

! Mittleres Niveau

Station	Stationsname	erledigt	korrigiert

✶ Erweitertes Niveau

Station	Stationsname	erledigt	korrigiert

Die Anti-Hitler-Koalition

Der Zweite Weltkrieg hatte am 1. September 1939 mit dem deutschen Angriff auf Polen begonnen. Am 22. Juni 1941 überfiel die Wehrmacht die Sowjetunion. Am 11. Dezember 1941 – nach dem Angriff der Japaner auf die amerikanische Pazifikflotte auf Hawaii – erklärte das Deutsche Reich den USA den Krieg.

Die beiden ideologisch völlig unterschiedlich ausgerichteten Großmächte hatten nun eine gemeinsame politisch-militärische Aufgabe: Es galt, den Siegeszug der deutschen Wehrmacht und das verbrecherische Herrschaftssystem Adolf Hitlers und der Nationalsozialisten zu beenden. Für die Zeit des Krieges mussten die ideologischen Differenzen zurücktreten.

Ende des Jahres 1941 stand die Sowjetunion kurz vor dem Zusammenbruch. Amerika half ihr nun mit großzügigen Lieferungen. Dabei ging es weniger um Waffen als um Transportmaterial (LKWs, Lokomotiven und Eisenbahnwaggons) sowie um Lebensmittel, vor allem Fleisch. Die Unterstützung erfolgte im Rahmen des bereits im Februar 1941 verabschiedeten *Leih- und Pachtgesetzes (Lend-Lease Act),* das zunächst vor allem zur Stabilisierung Großbritanniens gedient hatte. Die USA waren nun bereit, ihre bis dahin verfolgte strikte Neutralitätspolitik aufzugeben.

Im August 1941 fand unter strenger Geheimhaltung auf einem amerikanischen Kriegsschiff ein Treffen des amerikanischen Präsidenten Franklin D. Roosevelt und des britischen Premierministers Winston Churchill statt. Das Ergebnis ihrer Beratungen war die sogenannte *Atlantik-Charta.* Sie beinhaltete Grundgedanken zu einer allgemeinen Welt- und Friedensordnung, die nach dem Krieg verwirklicht werden sollte. Damit wurde sie zur Grundlage der im Jahr 1945 gegründeten *Vereinten Nationen (United Nations Organization, UNO).* Die Erklärung wurde auch von der Sowjetunion unterzeichnet. – Weitere vertragliche Regelungen folgten.

Da die Sowjetunion die Hauptlast des Krieges zu tragen hatte, forderte ihr Staats- und Parteichef Josef Stalin immer wieder die Eröffnung einer zweiten Front zur Entlastung seines Landes und der Roten Armee. Am 6. Juni 1944 war es so weit: Alliierte Verbände, vor allem Amerikaner und Briten, eröffneten in der Normandie in Frankreich die größte Landungsoperation der Geschichte. Dieser Kampf, der auf beiden Seiten gewaltige Opfer forderte, führte – wie erwartet – zur Entlastung der Sowjetunion. Er war ein besonders wichtiger Schritt auf dem Weg zum gemeinsamen militärischen Sieg über Hitler-Deutschland.

Die Wehrmacht im Krieg gegen die Sowjetunion

Aufgabe 1: *Was veranlasste die USA, ihre Neutralitätspolitik aufzugeben?*

Aufgabe 2: *Welche Forderungen müssten – nach deiner Auffassung – erfüllt werden, um der Welt einen dauerhaften Frieden zu ermöglichen?*

Stationenlernen Kalter Krieg – Bestell-Nr. 11 887

Die Anti-Hitler-Koalition

Lösungen

Aufgabe 1: Nach dem Ersten Weltkrieg und dem Versailler Friedensvertrag von 1919 wandten sich die USA enttäuscht von Europa ab, weil viele ihrer politischen Ziele nicht verwirklicht wurden. Sie zogen sich in die *Isolation* zurück und verfolgten nun eine strenge *Neutralitätspolitik.*

Das änderte sich – wenn auch langsam –, als neue Gefahren auftraten, welche die Sicherheit der USA, den Weltfrieden und den freien Warenaustausch bedrohten.

- Im Jahr 1922 begründete Benito Mussolini eine faschistische Diktatur in Italien.
- Seit 1933 errichtete Adolf Hitler in Deutschland einen nationalsozialistischen Führerstaat.
- Seit 1937 führte Japan einen brutalen Eroberungskrieg in China.

Der Gesinnungswandel in den USA wurde vor allem durch die Eroberungspolitik des Dritten Reiches gefördert (u.a. Kriege gegen Polen, Frankreich, Großbritannien). Einen ganz besonderen Stellenwert besaß der deutsche Angriff auf die Sowjetunion im Jahr 1941. Präsident Franklin D. Roosevelt bemühte sich, die Amerikaner behutsam auf die neue Lage einzustimmen.

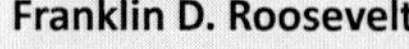

Franklin D. Roosevelt

Josef Stalin

Aufgabe 2: Denkbar wären folgende Punkte:

- Verzicht auf die Anwendung von Gewalt gegenüber anderen Staaten
- Verzicht auf Eroberungen zulasten anderer Staaten
- Selbstbestimmungsrecht aller Völker
- Schutz vor Unterdrückung und Tyrannei
- Freier Welthandel und freier Zugang zu den Rohstoffen
- Freiheit der Meere
- Wirtschaftliche Zusammenarbeit
- Entwaffnung der Staaten, die den Frieden bedrohen oder stören

Stationenlernen Kalter Krieg – Bestell-Nr. 11 887

Versuch einer Neuordnung nach dem Krieg

Am 8. Mai 1945 kapitulierte das Deutsche Reich. Damit war der Krieg im Westen zu Ende. – Japan kapitulierte erst am 2. September 1945. Kurz zuvor hatten die Amerikaner über Hiroshima (6. August) und Nagasaki (9. August) Atombomben abgeworfen und dadurch ungeheure Menschenverluste und Zerstörungen verursacht.

Amerikaner, Briten und Russen hatten bereits während des Krieges für die Zeit danach vorgeplant. Nun trafen sich die Siegermächte bei der *Potsdamer (Berliner) Konferenz,* um über die Nachkriegsordnung zu beraten. Die USA wurden durch ihren Präsidenten Harry S. Truman (Roosevelt war im April gestorben), die Sowjetunion durch den Staats- und Parteichef Josef Stalin und Großbritannien durch Premierminister Winston Churchill vertreten. Während der Verhandlungen wurde Churchill durch Clement Attlee, dessen Labour Party die Unterhauswahlen in Großbritannien gewonnen hatte, ausgetauscht.

Churchill, Truman, Stalin zu Beginn der Konferenz

Die Konferenz, die vom 17. Juli bis zum 2. August 1945 stattfand, traf u.a. folgende Entscheidungen:

- Entnazifizierung, Entmilitarisierung, Demokratisierung und Dezentralisierung Deutschlands
- Die Aufteilung in vier Besatzungszonen wurde bestätigt.
- Die deutschen Ostgebiete kamen bis zur Oder-Neiße-Grenze unter polnische Verwaltung.
- Der nordöstliche Teil von Ostpreußen mit der Hauptstadt Königsberg (Kaliningrad) kam unter sowjetische Verwaltung.
- Für die in Polen, der Tschechoslowakei und Ungarn verbliebenen Deutschen wurde ein geordneter und humaner Transfer in das restliche deutsche Gebiet vereinbart.
- Für das Gebiet der vier Besatzungszonen und der vier Sektoren von Berlin wurde der Alliierte Kontrollrat als oberste Regierungsbehörde geschaffen. Er war für alle Deutschland als Ganzes betreffenden Fragen und für seine wirtschaftliche Einheit zuständig. Seine Beschlüsse hatten einstimmig zu erfolgen. Im Übrigen hatten die Siegermächte in ihren Besatzungszonen völlig freie Hand.

Aufgabe 1: *Welche Gebietsveränderungen wurden in Potsdam vereinbart?*

Aufgabe 2: *Bei welchen Beschlüssen bestand die Gefahr zukünftiger Konflikte?*

Stationenlernen Kalter Krieg – Bestell-Nr. 11 887

Versuch einer Neuordnung nach dem Krieg

Lösungen

Aufgabe 1: Deutschland verlor alle seine Gebiete jenseits von Oder und Neiße, also Ostpreußen und Schlesien, den größten Teil von Pommern und Teile Brandenburgs. Sie kamen unter polnische Verwaltung. – Der nordöstliche Teil Ostpreußens mit der Hauptstadt Königsberg stand von nun an unter sowjetischer Verwaltung.

Zusätzliche Information: Eine endgültige Regelung sollte in einem Friedensvertrag erfolgen. – Im Zusammenhang mit der Wiedervereinigung Deutschlands im Jahr 1990 verzichtete die Bundesrepublik völkerrechtlich verbindlich auf alle Gebiete jenseits von Oder und Neiße (*Zwei-plus-Vier-Vertrag,* 1991).

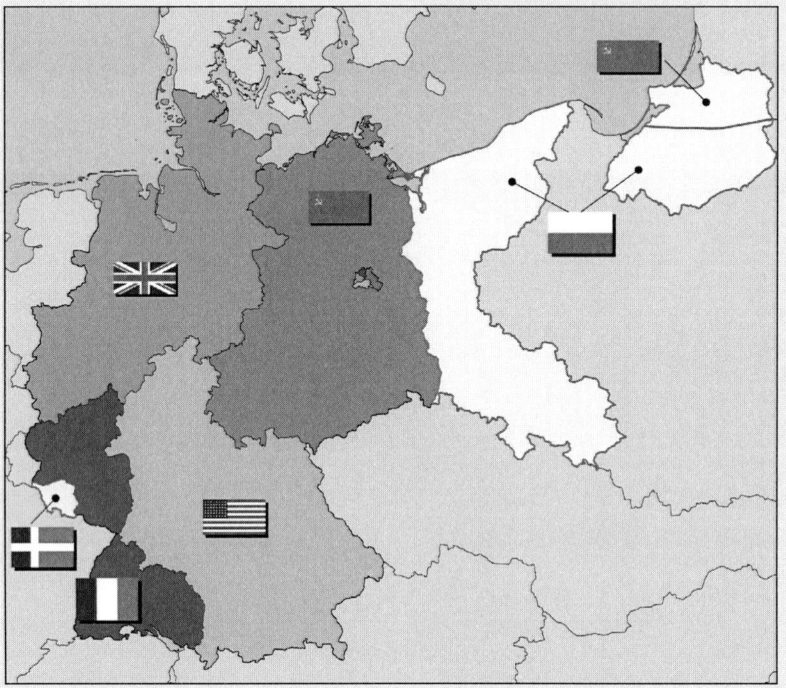

Die deutsche Teilung (mit französischem Protektorat Saarland, 1946/47)

Aufgabe 2: Die Interessenlage der Westalliierten und der Sowjetunion war sehr unterschiedlich:

- Die Sowjets hatten ein völlig anderes Verständnis von Demokratie als Amerikaner, Briten und Franzosen.
- Die einzelnen Besatzungsmächte würden versuchen, ihre politischen und wirtschaftlichen Prinzipien in ihren jeweiligen Zonen durchzusetzen.
- Die territoriale Neuordnung bewirkte eine massive Westverschiebung der Sowjetunion und ihres Einflussbereichs (u.a. Baltikum, Polen. Sowjetische Besatzungszone).
- Im Alliierten Kontrollrat in Berlin war in vielen Fragen auf Dauer die Einstimmigkeit der Beschlüsse eher unwahrscheinlich.

KOHL VERLAG Stationenlernen Kalter Krieg – Bestell-Nr. 11 887

!

Die Truman-Doktrin

Eine Zeit lang stand die gemeinsame Aufgabe der Alliierten im Vordergrund: Sie mussten Deutschland militärisch besiegen und das Hitler-Regime auslöschen.

Schon während des Krieges, vor allem aber danach zeigte sich, dass die Sowjetunion unter Josef Stalin auch eigene machtpolitische und ideologische Ziele verfolgte.

- Die UdSSR war nicht bereit, auf die infolge des deutsch-sowjetischen Nichtangriffspakts vom August 1939 (Geheimes Zusatzprotokoll) erworbenen baltischen Gebiete und Ostpolen zu verzichten.
- Starke, von Moskau beeinflusste kommunistische Kräfte gab es in Griechenland (Bürgerkrieg), Italien und Frankreich.
- Die Sowjetunion entfaltete in den USA, in Großbritannien und in Kanada eine außerordentliche Spionagetätigkeit.
- Sie versuchte, Teile des Irans unter ihre Herrschaft zu bringen bzw. im Iran insgesamt eine kommunistische Regierung durchzusetzen.
- Die sowjetische Militärverwaltung traf Vorbereitungen, um in ihrer Besatzungszone in Deutschland ein sozialistisch-kommunistisches System zu etablieren (u.a. durch die Zwangsvereinigung von KPD und SPD zur SED (Sozialistische Einheitspartei Deutschlands) im April 1946 und die Bodenreform in den Jahren 1945/46.

Soldaten der Roten Armee in Berlin, 1945

Schon 1946 hatte Winston Churchill von dem *Eisernen Vorhang* (eigentlich Brandschutz zwischen Bühne und Zuschauerraum im Theater) gesprochen, der Europa in zwei sich feindlich gesonnene Teile zerschnitt. Die Vereinigten Staaten von Amerika reagierten auf das sowjetische Vorgehen mit der im März 1947 verkündeten, nach dem amerikanischen Präsidenten benannten *Truman-Doktrin.* Sie wollten fortan den Völkern, die in ihrer Freiheit bedroht waren, Beistand leisten. Diesem Zweck dienten vor allem Militär- und Wirtschaftshilfe.

Eindeutig richtete sich die Doktrin gegen die sowjetischen bzw. stalinistischen Machtgelüste. Sie beendete die Zeit der Kriegskoalition und der Waffenbrüderschaft. Der Kalte Krieg hatte begonnen!

Aufgabe 1: *Mit welchen Mitteln versuchte Stalin bzw. die Sowjetunion ihren Machtbereich auszuweiten?*

Aufgabe 2: *Wie reagierten die USA auf diese Versuche?*

KOHL VERLAG Stationenlernen Kalter Krieg – Bestell-Nr. 11 887

Die Truman-Doktrin

!

Lösungen

Aufgabe 1: Die Sowjetunion war eine der Siegermächte im Zweiten Weltkrieg. Stalin berief sich immer wieder darauf, dass sie besonders große Opfer für den Sieg erbracht hatte (20-40 Millionen Kriegstote, ungeheure Kriegsschäden).

Er nützt die für ihn günstige Lage, um die UdSSR – neben den USA – zur zweiten *Weltmacht* werden zu lassen.

Schon während des Krieges hatte die Sowjetunion die baltischen Staaten und Ostpolen mit politischem und militärischem Druck erweitert. Stalin dachte nicht daran, diese Entwicklung rückgängig zu machen. Nun bemühte er sich, die von der Roten Armee besetzten Länder, aber auch darüber hinaus, durch militärisches Eingreifen, durch Untergrundtätigkeit und durch Propaganda für den Kommunismus zu gewinnen.

In der Folgezeit übernahmen zahlreiche Staaten Mittel-Osteuropas das kommunistische Herrschaftssystem und bildeten unter der Führung der Sowjetunion den sogenannten *Ostblock.* Dazu gehörte auch die Sowjetische Besatzungszone, die im Jahr 1949 zur Deutschen Demokratischen Republik wurde.

Aufgabe 2: Die USA wollten zunächst die Kriegskoalition mit der Sowjetunion wegen der gemeinsamen Ziele nicht gefährden. – Diese Politik vertrat vor allem Präsident Franklin D. Roosevelt. – Ein Gesinnungswandel trat ein, als die sowjetischen Absichten (territoriale Ausdehnung, Ausbreitung des Kommunismus) unübersehbar wurden.

Die Truman-Doktrin von 1947 war eine Warnung an Stalin. Sie diente aber auch dazu, die von ihm bedrohten Mächte durch militärische, wirtschaftliche und finanzielle Hilfe widerstandsfähiger zu machen.

Zusammentreffen der US-Army und der Roten Armee in Torgau an der Elbe (25. April 1945)

Die Berlin-Blockade

Die ehemalige Reichshauptstadt Berlin war nach dem Krieg von den Alliierten besetzt und in vier Sektoren aufgeteilt worden. Infolge der Abkühlung des Verhältnisses zwischen den Siegermächten entstand hier ein überaus bedrohlicher Konflikt.

Die Westmächte gingen davon aus, dass eine gemeinsame Lösung für Gesamtdeutschland nicht mehr möglich war. Sie planten nun, in ihrem Einflussbereich einen eigenen Weststaat zu gründen. Ohne Absprache mit der Sowjetunion führten sie am 20. Juni 1948 in ihren Zonen und in Westberlin eine *Währungsreform* durch. *Die D-Mark (Deutsche Mark)* ersetzte die nahezu wertlos gewordene Reichsmark.

Die Sowjetunion nützte den Anlass zu einer heftigen Gegenreaktion. Sie sperrte den Land- und Wasserweg nach Berlin und schnitt damit die drei Westsektoren von den überlebensnotwendigen Materiallieferungen, vor allem von Nahrungsmitteln und Kohle, ab. Sie wollte damit die Westmächte zum Einlenken zwingen. Vielleicht gelang es ihr auch, durch die Hungerblockade ganz Berlin ihrem Herrschaftsbereich einzuverleiben.

Die Westalliierten waren nicht bereit, sich dem sowjetischen Druck zu beugen. Zur Versorgung der Westberliner Bevölkerung und der Industrie organisierten sie eine einmalige und riskante Hilfsaktion, die *Luftbrücke.* Flugzeuge lieferten in etwa 200.000 Flügen über das Gebiet der Sowjetischen Besatzungszone all das, was in dem von der Außenwelt abgeschnittenen Westberlin benötigt wurde.

Ein sowjetischer Angriff auf die westalliierten Frachtmaschinen hätte mit Sicherheit einen neuen Krieg ausgelöst.

Berliner Luftbrücke

Mit Hilfe der westlichen Besatzungsmächte konnte Westberlin seine Freiheit behaupten. Die ungeheuer aufwendige, aber erfolgreiche Hilfsaktion führte dazu, dass sich das Verhältnis zwischen den Amerikanern, Briten und Franzosen sowie der Bevölkerung in Berlin und Westdeutschland deutlich verbesserte.

Stalins Pläne waren fehlgeschlagen. Am 12. Mai 1949 wurden die Verbindungswege durch die SBZ nach Westberlin wieder geöffnet.

Aufgabe 1: *Warum war Westberlin in der Zeit der Ost-West-Konflikte besonders gefährdet?*

Aufgabe 2: *Wie war die Berliner Luftbrücke politisch und psychologisch zu begründen?*

Stationenlernen Kalter Krieg – Bestell-Nr. 11 887

Die Berlin-Blockade

Lösungen

Aufgabe 1: Berlin war die ehemalige Reichshauptstadt, die größte und bedeutendste Stadt Deutschlands. Deshalb hatten die Westalliierten (Amerikaner, Briten und Franzosen) bei Kriegsende darauf bestanden, sie in vier Sektoren aufzuteilen und jeder Siegermacht einen Sektor zu überlassen. Die Anwesenheit des jeweiligen Militärs war mit einem hohen politischen Prestige verbunden.

Westberlin war besonders gefährdet, weil es – wie eine Insel – mitten im Gebiet der Sowjetischen Besatzungszone lag. Hier waren starke Kräfte der sowjetischen Roten Armee stationiert. Wahrscheinlich hätten die Westalliierten bei einem militärischen Konflikt die Stadt nicht verteidigen können.

Der Zugang nach Berlin auf Straßen und Autobahnen sowie auf dem Wasserweg war für die Sowjets bzw. für die ostdeutschen Behörden lückenlos zu kontrollieren.

Es versteht sich von selbst, dass in Westberlin die prokommunistische und prosowjetische Propaganda und Geheimdiensttätigkeit besonders stark waren.

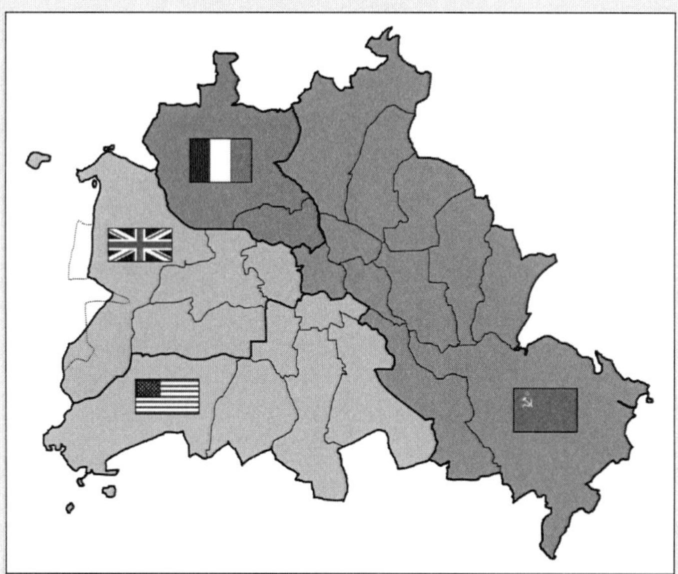

Viersektorenstadt Berlin

Aufgabe 2: Die Westmächte waren nicht mehr bereit, sich von Stalin erpressen zu lassen (Truman-Doktrin). Sie betrachteten sich als Verteidiger der Freiheit sowie ihrer wirtschaftlichen und politischen Interessen und waren entschlossen, sich ggf. mit den ihnen zur Verfügung stehenden Mitteln, auch militärisch, dafür einzusetzen.

Die Aufgabe der drei Westsektoren hätte zu einem nicht wieder gutzumachenden Prestigeverlust in den eigenen Ländern, in Deutschland und auf der ganzen Welt geführt. So erschienen die Amerikaner, die Briten und die Franzosen in diesem Konflikt als die moralischen Sieger.

Stationenlernen Kalter Krieg – Bestell-Nr. 11 887

Von der Waffenbrüderschaft zum Kalten Krieg

!

Kleines geschichtliches Quiz

Aufgabe 1: *Ergänze die richtigen Begriffe:*

Die Nachkriegskonferenz, bei der über die Zukunft Deutschlands entschieden wurde, fand in ____________ bei Berlin statt. Die Teilnehmer waren ____________ ,Churchill und ____________ .

Die ehemalige Reichshauptstadt Berlin wurde in vier ____________ geteilt. Einen davon erhielt ____________ (außer den Amerikanern, Sowjets und Briten).

Durch die Berliner Blockade wurden alle Verbindungen nach Westberlin unterbrochen. Nur der ____________ blieb offen.

Zum Ostblock gehörten u.a. die Länder ____________ , ____________ , ____________ und ____________ .

Die Währungsreformen in West- und Ostdeutschland fanden im Juni des Jahres ____________ statt.

Die Verfassung der Bundesrepublik Deutschland von 1949 wird ____________ genannt.

Die aus der SPD und der KPD hervorgegangene ________________________ (voller Name) entwickelte sich rasch zu einer kommunistischen, marxistisch-leninistischen Partei.

Von der Waffenbrüderschaft zum Kalten Krieg

... und noch einmal

Aufgabe 1: *Du darfst alle dir zur Verfügung stehenden Hilfsmittel (Lehrbuch, Fachbuch, Lexikon, Internet u.a.) verwenden! Beantworte die Fragen:*

① Wie heißt das Schloss in der Nähe von Berlin, in dem die große Nachkriegskonferenz der Amerikaner, Sowjets und Briten stattfand?

② Was unterscheidet die Begriffe Flüchtlinge und Vertriebene?

③ Wie wurde Harry S. Truman Präsident der Vereinigten Staaten?

④ Wie hieß die zärtlich-saloppe Bezeichnung der Berliner für die Flugzeuge, die Westberlin während der Blockade u.a. mit Lebensmitteln versorgten?

⑤ Wie heißen die drei baltischen Staaten, die Stalin bereits während des zweiten Weltkrieges annektiert hatte?

⑥ Welche Landesteile bildeten gemeinsam die Föderation Jugoslawien?

Stationenlernen Kalter Krieg – Bestell-Nr. 11 887

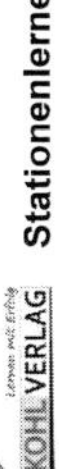

Von der Waffenbrüderschaft zum Kalten Krieg

!

Kleines geschichtliches Quiz

Lösungen

Aufgabe 1:

Schloss Cecilienhof, Verhandlungstisch

Die Nachkriegskonferenz, bei der über die Zukunft Deutschlands entschieden wurde, fand in **Potsdam** bei Berlin statt. Die Teilnehmer waren **Truman**, Churchill (später Attlee) und **Stalin**.

Die ehemalige Reichshauptstadt Berlin wurde in vier **Sektoren** geteilt. Einen davon erhielt **Frankreich** (außer den Amerikanern, Sowjets und Briten).

Durch die Berliner Blockade wurden alle Verbindungen nach Westberlin unterbrochen. Nur der **Luftweg** blieb offen.

Zum Ostblock gehörten u.a. die Länder **Polen, Tschechoslowakei, Ungarn, Bulgarien, Rumänien, Albanien** (u. U. werden auch die nichteuropäischen Länder **Nordvietnam, Nordkorea, Mongolei, China** und **Kuba** dazugezählt.)

Die Währungsreformen in West- und Ostdeutschland fanden im Juni des Jahres **1948** statt (Westzone 20. Juni, Ostzone 23. Juni).

Die Verfassung der Bundesrepublik Deutschland von 1949 wird **Grundgesetz** genannt.

Die aus der SPD und der KPD hervorgegangene **Sozialistische Einheitspartei Deutschlands (SED)** (voller Name) entwickelte sich rasch zu einer kommunistischen, marxistisch-leninistischen Partei.

Von der Waffenbrüderschaft zum Kalten Krieg

✶

... und noch einmal

Lösungen

Aufgabe 1:

① Schloss Cecilienhof

② **Flüchtlinge** *fliehen* vor den sie bedrohenden Gefahren (Krieg, Zerstörung, Misshandlung, Hunger); **Vertriebene** werden aus ihrer Heimat *vertrieben* (verjagt), in der Regel deshalb, weil andere das Land in Besitz nehmen wollen, sehr oft auch, um eine sogenannte *ethnische Säuberung* zu erzwingen.

③ Vizepräsident Truman musste nach dem Tod Franklin D. Roosevelts (12. April 1945) die Präsidentschaft übernehmen.

④ Rosinenbomber

⑤ Litauen (Hauptstadt Vilnius, deutsch Wilna), Lettland (Riga), Estland (Tallinn, deutsch Reval)

⑥ Slowenien, Kroatien, Bosnien und Herzegowina, Serbien, Montenegro, Mazedonien.

Der Ostblock

In der Nachkriegszeit bildeten sich zwei große Machtblöcke heraus, die von den Vereinigten Staaten von Amerika und von der Sowjetunion dominiert wurden. Die beiden Weltmächte versuchten, in den in ihrem Einflussbereich gelegenen Gebieten ihre politischen und wirtschaftlichen Prinzipien durchzusetzen. Gleichzeitig bemühten sie sich darum, die einzelnen Länder durch Verträge an sich zu binden.

Im Osten entstand ein fest gefügter Block, der bis an die Westgrenze der Sowjetischen Besatzungszone (Elbe und Werra) reichte. Mit politischem Druck und mit Gewalt gelang es Stalin, in den ersten Nachkriegsjahren in einer Reihe von Ländern kommunistische und prosowjetische Regierungen durchzusetzen *(Satellitenstaaten)*.

Zum Ostblock gehörten Polen, die Tschechoslowakei, Ungarn, Bulgarien, Rumänien und Albanien. Auch einige außereuropäische Mächte lassen sich zum Ostblock zählen, jedenfalls für die Zeit, in der sie unter sowjetischem Einfluss standen: Nordvietnam, Nordkorea, die Mongolei, die Volksrepublik China und Kuba.

Der Balkanstaat Jugoslawien wurde auch kommunistisch regiert. Allerdings löste sich der Staats- und Parteichef Tito (Josip Broz) mehr und mehr aus der Bevormundung durch die Sowjetunion und verfolgte einen eigenen politischen Kurs *(Titoismus)*. In der Folgezeit wurde Jugoslawien einer der führenden Staaten der sogenannten *Blockfreien*.

Um der kommunistischen Bedrohung gewachsen zu sein, schlossen sich die USA und 28 weitere westliche Staaten im April 1949 zur *NATO (Nordatlantikpakt, North Atlantic Treaty Organization)*, einem militärischen Verteidigungsbündnis, zusammen.

Die Sowjetunion und die übrigen Ostblockstaaten nahmen dieses Ereignis zum Anlass, um im Jahr 1955 ein eigenes Militärbündnis, den *Warschauer Pakt*, zu begründen.

Bundesrepublik Deutschland 25 Jahre NATO-Mitglied

Aufgabe 1: *Was bedeutet der Begriff* ***Ostblock****?*

Aufgabe 2: *Mit welcher Begründung wurden NATO und der Warschauer Pakt geschaffen?*

Der Ostblock

Lösungen

Aufgabe 1: Der Begriff *Ostblock* bezeichnete eine in der Nachkriegszeit entstandene Staatengruppe – vor allem in Ost- und Südosteuropa –, die unter der Vorherrschaft der Sowjetunion stand. Dem Ostblock wurden auch einige von der UdSSR abhängige Länder in Asien sowie Kuba in Mittelamerika zugerechnet.

Stalin und die Sowjetunion versuchten, die Länder des Ostblocks in ihrem Sinne ideologisch, wirtschaftlich und militärisch auf den gleichen Kurs zu bringen und von sich abhängig zu machen. Das vergrößerte vor allem die Macht Russlands und diente der Ausbreitung der kommunistischen Ideologie. Ein ursprüngliches Ziel des Kommunismus war bekanntlich die Weltrevolution.

Aufgabe 2: In der Nachkriegszeit entfremdeten sich die Westmächte und die Sowjetunion mehr und mehr. Die jeweiligen politischen und wirtschaftlichen Grundprinzipien und Interessen waren zu unterschiedlich. Zwischen den beiden Blöcken herrschte eine feindselige Stimmung. Verschiedentlich kam es zu gefährlichen Konflikten.

Um dem Sicherheitsbedürfnis der Menschen in ihren Ländern Rechnung zu tragen und gegen Aggressionen durch die Sowjetunion gewappnet zu sein, gründeten die Westmächte, angeführt durch die USA, im Jahr 1949 als Verteidigungsbündnis die *NATO*.

Unterzeichnung des Warschauer Vertrags durch Ministerpräsident Otto Grotewohl (DDR) im Jahr 1955

Die Sowjetunion fühlte sich durch den Zusammenschluss, insbesondere auch durch den NATO-Beitritt und die Wiederbewaffnung Westdeutschlands ihrerseits bedroht und schuf den *Warschauer Pakt* als östliches Verteidigungsbündnis.

KOHL VERLAG Stationenlernen Kalter Krieg – Bestell-Nr. 11 887

Sozialismus und Kapitalismus

Die Westalliierten und die Sowjetunion repräsentierten völlig unterschiedliche politische und wirtschaftliche Systeme. Diese erschienen miteinander unvereinbar. Zahlreiche Konflikte waren die Folge.

In den USA, in Großbritannien und Frankreich hatte sich über Generationen die *repräsentative Demokratie* durchgesetzt. Parteien warben um die Gunst der Wähler. Der jeweilige Wahlausgang war die Voraussetzung für die Bildung der Regierung.

Das Wirtschaftsleben wurde durch die *freie Marktwirtschaft* und die Mechanismen des Kapitalismus bestimmt. Nach Ansicht ihrer Befürworter sichert sie eine optimale Versorgung der Bevölkerung und entwickelt infolge des Gewinnstrebens des Einzelnen eine große Dynamik.

Freilich, auch im Westen gab es ernst zu nehmende Kritik an dieser Wirtschaftsform, weil die Wirklichkeit oft nicht den Idealvorstellungen der Befürworter entsprach. –

Der *Sozialismus* ist eine politische Ideologie, die auf den Einsichten der Aufklärung gründete. Im Lauf der Zeit bildeten sich unterschiedliche Varianten heraus. Deshalb ist es schwierig, den Begriff eindeutig zu definieren.

Geschichtlich wirksam wurde vor allem der von Karl Marx und Friedrich Engels im 19. Jahrhundert begründete *wissenschaftliche Sozialismus*. Seine Grundzüge sind im *„Manifest der Kommunistischen Partei“* (1848) enthalten.

Die sozialistische Ideologie betont die Prinzipien von Gleichheit und Gerechtigkeit und strebt eine grundlegende Veränderung der gesellschaftlichen Verhältnisse an. Diese sind nach Marx nur durch eine *Revolution* zu erreichen. Das Proletariat als fortschrittlichste Klasse der Gesellschaft muss sich die Macht im Staat erkämpfen, die Unterdrücker (Kapitalisten) entmachten und die Produktionsmittel (Fabriken, Rohstoffe) in gesellschaftlichen Besitz überführen. Das bedeutete das Ende der Ausbeutung und den Beginn des Kommunismus.

Wladimir Iljitsch Lenin interpretierte diese Lehren für die russischen Verhältnisse zu Beginn des 20. Jahrhunderts um. Seine Doktrin *(Marxismus-Leninismus)* wurde zur Voraussetzung für die Russische Revolution von 1917 und den daraus hervorgegangenen Sowjetstaat. Sie wurde von vielen kommunistischen Parteien in anderen Ländern übernommen.

Stalin machte den Marxismus-Leninismus zur Grundlage seiner eigenen Herrschaft. Er wurde zum Führer der kommunistischen Weltbewegung und übte in der Sowjetunion, aber auch darüber hinaus eine brutale diktatorische Herrschaft aus *(Stalinismus)*. Er benutzte die kommunistische Ideologie auch dazu, russische Großmachtpläne zu verwirklichen.

Die Anhänger des *demokratischen Sozialismus* lehnten die soziale Revolution ab und hofften, die Verhältnisse nach und nach durch *Reformen (Evolution)* verbessern zu können. In Deutschland beschritt die Sozialdemokratische Partei (SPD) diesen Weg. Die Vereinigung von SPD und KPD in der DDR im Jahr 1946 diente dem Zweck, in der Sowjetzone den Kommunismus durchzusetzen.

Aufgabe 1: *Nenne Licht- und Schattenseiten der freien Marktwirtschaft.*

Aufgabe 2: *Warum hielt Karl Marx eine soziale Revolution für unumgänglich?*

Stationenlernen Kalter Krieg – Bestell-Nr. 11 887

Sozialismus und Kapitalismus

Lösungen

Aufgabe 1: Die Marktwirtschaft funktioniert ausgesprochen flexibel. Wer Geld investiert, wird es in der Regel für Projekte verwenden, die einen guten Gewinn versprechen. Auf diese Weise wird die Versorgung der Bevölkerung mit Waren und Dienstleistungen gesichert. Was knapp oder besonders begehrt ist, erzielt höhere Preise. So reguliert sich auch der Arbeitsmarkt von selbst. Die Arbeitskräfte werden nach Bedarf eingestellt. Bei Mangelberufen sind die Arbeitgeber gezwungen, höhere Gehälter und Löhne zu zahlen.

Da jeder Unternehmer darauf bedacht ist, möglichst gut zu verdienen, erhält das Wirtschaftsleben eine große Dynamik. Man muss sich neue Produkte einfallen lassen und die vorhandenen verbessern, um der Konkurrenz gewachsen zu sein. Das dient dem allgemeinen Fortschritt.

Allerdings gibt es auch schwerwiegende Nachteile. Hier einige wichtige Gesichtspunkte:

- Die Arbeitskräfte stehen untereinander in Konkurrenz. Das wirkt sich negativ auf die Einkommen aus, wenn es genug Arbeitkräfte gibt.
- Für viele Unternehmer geht es vorrangig ums Geld verdienen. Die Gemeinschaftsaufgaben sind oft unrentabel und lästig.
- Die Arbeitskräfte werden auf ihre Arbeitskraft reduziert. Danach werden sie bezahlt und bei geringem Bedarf entlassen.
- Es werden künstliche Bedürfnisse geweckt, um damit Geld zu verdienen.
- Im marktwirtschaftlichen System gibt es immer wieder tiefgreifende Krisen (Überproduktion) und Monopolbildungen, die die Konkurrenz einschränken.

Aufgabe 2: Die soziale Revolution ist nach Marx unumgänglich, weil nur so die Macht der Besitzenden zu brechen ist. Sie würden nie freiwillig auf ihre Privilegien verzichten. In den demokratisch-marktwirtschaftlichen Systemen ist der Staat nichts anderes als ein Ausschuss der herrschenden Klassen. Die neue Sozialordnung muss aufgrund der geschichtlichen Gesetzmäßigkeiten von der fortschrittlichen, in einer revolutionären Partei organisierten Klasse des Proletariats – evtl. mit diktatorischen Maßnahmen *(Diktatur des Proletariats)* – erzwungen werden.

Adam Smith
Theoretiker der Marktwirtschaft

Karl Marx und Friedrich Engels
Begründer des „wissenschaftlichen Sozialismus"

Bündnispolitik und Rüstungswettlauf

Die NATO

!

Die zahlreichen, bisweilen bedrohlichen Konflikte zwischen der UdSSR und den Westmächten (u.a. die Berlin-Blockade 1948/49) schürten im Westen die Angst vor einem weiteren territorialen Ausbreiten der Sowjets und ihrer Verbündeten. Aus diesem Grund schlossen sich die USA und 28 weitere westliche Staaten im April 1949 zur *NATO (Nordatlantikpakt, North Atlantic Treaty Organization)*, einem militärischen Verteidigungsbündnis, zusammen.

Westdeutschland, seit 1949 die Bundesrepublik Deutschland, war nicht Mitglied der NATO. Noch war sie kein souveräner Staat und durfte auf Grund der Nachkriegsregelungen *(Entmilitarisierung)* keine eigenen Truppen aufstellen. Erst im Jahr 1955 – zehn Jahre nach Kriegsende – trat sie der NATO bei. Die Wiederbewaffnung der Bundesrepublik war damit beschlossen.

Aufgabe 1: *Welche Chancen und welche Risiken waren mit der Gründung der NATO verbunden?*

Bündnispolitik und Rüstungswettlauf

Der Warschauer Pakt

!

Zunächst hatte die Sowjetunion versucht, die Gründung der NATO zu verhindern. Als ihr das nicht gelang, nahmen sie und die übrigen Ostblockstaaten dieses Ereignis zum Anlass, um ein eigenes Militärbündnis zu schaffen. Der sogenannte *Warschauer Pakt* trat im Juni 1955 in Kraft.

Der Vertrag wurde von folgenden Staaten unterzeichnet: Albanien, Bulgarien, DDR, Polen, Rumänien, Ungarn, der Sowjetunion und der Tschechoslowakei. Die Volksrepublik China, die seit 1949 unter Mao Zedong (Mao Tse-tung) kommunistisch regiert wurde, hatte an den Verhandlungen als Beobachter teilgenommen. – Der Vertrag stabilisierte die militärische Vorherrschaft *(Hegemonie)* der Sowjetunion im Ostblock.

Im Zusammenhang mit der Vertragsunterzeichnung schuf die DDR Anfang 1956 die *Nationale Volksarmee (NVA).*

Aufgabe 1: *Welche Ziele verfolgte die Sowjetunion mit dem Warschauer Vertrag?*

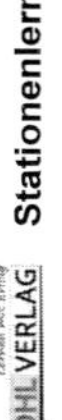

KOHL VERLAG Stationenlernen Kalter Krieg – Bestell-Nr. 11 887

Die NATO !

Lösungen

Aufgabe 1: Die NATO war und ist ein kollektives Sicherheitssystem. Sie bot ihren Mitgliedern Schutz und militärische Unterstützung, wenn sie von außen angegriffen wurden. Ein möglicher Angreifer musste sich dieses Risikos bewusst sein.

Die NATO wurde – anders als sie sich selbst sah – von der Sowjetunion und ihren Verbündeten als eine sie bedrohende Militärallianz gewertet. Die Folge war, dass sie für eine kriegerische Auseinandersetzung gewappnet sein musste. Das führte zu einer unverhältnismäßig intensiven Rüstung.

Da sich die NATO-Länder nun ihrerseits noch stärker bedroht fühlten, kam es zu einem gefährlichen *Wettrüsten*. Dabei spielte die *Atombewaffnung* eine besondere Rolle. Seit 1945 verfügten die USA über die Atombombe (1952 Wasserstoffbombe), seit 1949 die Sowjetunion (1953 Wasserstoffbombe). Die atomare Rüstung führte zum sogenannten *Overkill*. Die Waffenvorräte auf beiden Seiten waren so groß, dass sie zur Vernichtung der gesamten Menschheit und des Planeten Erde ausgereicht hätten.

KOHL VERLAG Stationenlernen Kalter Krieg – Bestell-Nr. 11 887

Bündnispolitik und Rüstungswettlauf

Der Warschauer Pakt !

Lösungen

Aufgabe 1: Das Verhältnis zu den Westmächten hatte sich in den vergangenen Jahren so stark verschlechtert, dass eine militärische Auseinandersetzung nicht mehr auszuschließen war. Die Sowjetunion war infolge des Sieges über Nazi-Deutschland und die stalinistische Expansionspolitik inzwischen zur zweiten Weltmacht – neben den USA – geworden.

Um diese Macht zu sichern und weiter auszubauen, gewann sie die inzwischen zu ihrem Satellitensystem gehörigen Staaten für ein Bündnis, das – wie bei der NATO – eine militärische Beistandspflicht für den Fall eines Angriffs beinhaltete.

Die Zugehörigkeit zum Ostblock wurde aber nicht nur durch die militärische Bindung betont. In allen Ländern hatte sich inzwischen die kommunistische Doktrin auf sowjetischen Druck hin durchgesetzt. Hinzu kamen enge wirtschaftliche Verflechtungen durch den im Jahr 1949 gegründeten *Rat für gegenseitige Wirtschaftshilfe*, der im Westen zumeist *COMECON (Council for Mutual Economic Aid)* genannt wurde.

KOHL VERLAG Stationenlernen Kalter Krieg – Bestell-Nr. 11 887

Die Teilung Deutschlands – Der Westen

Nach Ende des Zweiten Weltkriegs hatte Deutschland seine staatliche Souveränität verloren und wurde von den vier Besatzungsmächten regiert. Um die politische Selbstbestimmung der Deutschen auf längere Sicht möglich zu machen, gestatten sie die Bildung von Parteien. Genehmigt wurden auch nach und nach die Wahlen für die Gemeinde- und Stadträte, die Kreistage und schließlich für die Länderparlamente. Bis hin zu einer deutschen Regierung war es noch ein weiter Weg.

Die Entfremdung zwischen den Westmächten und der Sowjetunion sowie der Beginn des Kalten Krieges ließen die Gründung eines deutschen Gesamtstaates immer unwahrscheinlicher erscheinen. Schon hatte die Sowjetunion in ihrer Besatzungszone ein kommunistisches und sowjetfreundliches System durchgesetzt.

Nun entschlossen sich die Westmächte, eigene Weg zu gehen. Westdeutschland sollte gestärkt werden, um im Innern gegen die Verlockungen des Kommunismus gefeit zu sein.

Ein besonders wichtiger Schritt auf diesem Weg war der *Marshall-Plan*. Er wurde am 5. Juni 1947 vom amerikanischen Außenminister George Marshall verkündet. Bei diesem Plan handelte es sich um ein Hilfsprogramm für die durch den Krieg verarmten europäischen Staaten sowie für die deutschen Westzonen und für Westberlin. Es trug ganz entscheidend zur Wiederbelebung der Wirtschaft in Europa bei und brachte auch der amerikanischen Exportwirtschaft Vorteile.

Ähnlich war die Wirkung der von den Alliierten durchgeführten *Währungsreform*. Am 20. Juni 1948 wurde an Stelle der nahezu wertlosen Reichsmark in den Westzonen eine neue Währung, die *Deutsche Mark (DM)*, eingeführt. Sie war die entscheidende Voraussetzung für das deutsche Wirtschaftswunder der folgenden Jahre.

Die Währungsreform im Westen war mit der Sowjetunion nicht abgesprochen worden. Stalin reagierte darauf mit der *Berlin-Blockade* (1948/49), die zu einer gefährlichen Zuspitzung des Konflikts zwischen den Besatzungsmächten führte.

Kurz darauf forderten die westalliierten Militärgouverneure die Ministerpräsidenten der westdeutschen Länder auf, eine verfassungsgebende Versammlung aus Abgeordneten der Länder einzuberufen. Am 1. September 1948 trat der *Parlamentarische Rat* in Bonn zu seinen Beratungen zusammen. Das Ziel war, für Westdeutschland eine Verfassung zu erarbeiten. Mit Rücksicht darauf, dass dieses Gesetzeswerk nicht für Gesamtdeutschland gelten konnte, wurde es *Grundgesetz* genannt.

Nachdem die Länder – mit Ausnahme Bayerns – dem Entwurf zugestimmt hatten, wurde es am 23. Mai 1949 verkündet. Mit der dadurch vollzogenen Gründung der *Bundesrepublik Deutschland* war die Teilung Gesamtdeutschlands besiegelt.

Gedenktafel in Bonn

Aufgabe 1: *Warum entschlossen sich die Westmächte zu einem Alleingang in der deutschen Frage?*

Aufgabe 2: *Durch welche Maßnahmen wurde die westdeutsche Wirtschaft stabilisiert?*

Die Teilung Deutschlands – Der Westen

Lösungen

Aufgabe 1: Die Westmächte glaubten nicht mehr an eine gesamtdeutsche Lösung. Die ideologischen und machtpolitischen Interessen waren zu unterschiedlich. Die Sowjetunion hatte längst begonnen, ihre Zone und mehrere ost- bzw. südosteuropäische Staaten im Sinne des Kommunismus (Volksdemokratie, Planwirtschaft) umzugestalten. Bereits im Frühjahr 1948 hatte sie ihre Mitarbeit im Alliierten Kontrollrat in Berlin eingestellt.

Nun ging es den Westmächten darum, die politischen und wirtschaftlichen Verhältnisse in Westdeutschland in ihrem eigenen Sinne (Demokratie, marktwirtschaftliche Wirtschaftsordnung) nachhaltig zu stabilisieren. Schon dachten sie daran, das Land eines Tages in den Kreis ihrer Verbündeten aufzunehmen.

Aufgabe 2: Dem Wiederaufbau und der Belebung der westdeutschen Wirtschaft dienten vor allem die auf der Grundlage des Marshall-Plans großzügig gewährten Kredite und Warenlieferungen. Sie wirkten wie eine Initialzündung. – Übrigens war die Marshall-Plan-Hilfe auch den osteuropäischen Staaten angeboten worden. Die Annahme wurde aber von Stalin untersagt.

Werbeplakat von 1949

Sehr starke Impulse gingen auch von der Einführung der neuen westdeutschen Währung, der D-Mark, aus. Die bis dahin gültige Reichsmark hatte ihren Wert weitestgehend verloren. Dem geringen Warenangebot stand eine viel zu große Geldmenge gegenüber. Vielfach herrschte die primitive Wirtschaftsform des Tauschhandels (z.B. Zigarettenwährung, Schwarzmarkt, Eier gegen Zement).

Die D-Mark erweckte neues Vertrauen bei allen am Wirtschaftsleben Beteiligten. Sofort wuchs das Warenangebot in den Läden. Endlich konnte man sich, wenn auch in sehr bescheidenem Rahmen, wieder etwas leisten. In den folgenden Jahren und Jahrzehnten erwies sich die D-Mark als sehr stabil.

Die Teilung Deutschlands – Der Osten

Die Sowjetunion hatte sehr früh damit begonnen, ihre Besatzungszone im Sinne ihrer Partei- und Staatsdoktrin umzugestalten. Für Stalin war sie ein Außenposten gegenüber dem kapitalistischen Westen. Elbe und Werra wurden zu einer Grenze, an der sich die beiden sehr unterschiedlichen Ideologien trafen.

Der politischen Umwandlung der Sowjetischen Besatzungszone diente vor allem auch die Gründung der *Sozialistschen Einheitspartei Deutschlands (SED)*. Die von Stalin favorisierte Kommunistische Partei war bei Weitem nicht so erfolgreich gewesen, wie er es erhofft hatte. Nun änderte er seine Strategie und erzwang den Zusammenschluss von KPD und SPD zu einer neuen Arbeiterpartei. Die erzwungene Vereinigung kam im April 1946 zustande.

Im Verlauf der folgenden beiden Jahre wandelte sich die SED zu einer *Partei neuen Stils*. Sie übernahm die kommunistisch-leninistische Ideologie und unterwarf sich bedingungslos dem Willen Stalins.

Die Westmächte hatten erkannt, dass eine gesamtdeutsche Lösung nicht mehr möglich war. Sie führten im Westen und in Westberlin die Währungsreform durch (Juni 1948) und bereiteten die Gründung eines eigenständigen westdeutschen Staates vor.

Die sowjetische Besatzungsmacht reagierte darauf mit eigenen Maßnahmen. So führte sie am 23. Juni 1948 in ihrer Zone ebenfalls eine eigene neue Währung ein *(Deutsche Mark*, später: *Mark der deutschen Notenbank)* und betrieb ihrerseits die Gründung eines eigenen Staates.

Der Volksrat, in dem die SED die Mehrheit besaß, erarbeitete seit 1948 einen Verfassungsentwurf für eine *Deutsche Demokratische Republik*. Sie wurde vom Zweiten Deutschen Volksrat, der sich als *Provisorische Volkskammer* konstituierte, am 7. Oktober 1949 beschlossen. Damit war – neben der Bundesrepublik Deutschland – ein zweiter deutscher Staat entstanden. Die deutsche Teilung war endgültig vollzogen.

Aufgabe 1: *Welchem Zweck dient die Gründung der Sozialistischen Einheitspartei Deutschlands?*

Aufgabe 2: *Was bedeuteten die Gründungen der Bundesrepublik und der deutschen Demokratischen Republik für Gesamtdeutschland?*

Reichsstraße 1 (Aachen-Königsberg) nach der Teilung

Die Teilung Deutschlands – Der Osten

Lösungen

Aufgabe 1: Stalin verfolgte den Plan, die Sowjetische Besatzungszone in seinen Machtblock einzugliedern. Fürs Erste war seine Macht durch die Anwesenheit der Roten Armee in dem besetzten Gebiet gesichert. Nun ging es aber darum, wenigstens formal korrekt eine neue politische Ordnung zu schaffen. Allerdings wollte Stalin keine Demokratie im westlichen Sinne. Sie war für ihn Ausdruck der dort herrschenden kapitalistischen Wirtschafts- und Werteordnung.

Die KPD vertrat die marxistisch-leninistische Lehre und bildete eine treue Gefolgschaft Stalins und der *Kommunistischen Partei der Sowjetunion (KPdSU)*. Sie erwies sich aber in der SBZ und in anderen europäischen Ländern als wenig erfolgreich. Deshalb verfolgte Stalin nun den Gedanken einer proletarischen Einheitspartei und betrieb die (Zwangs-)Vereinigung von KPD und SPD. So hoffte er sich die Macht in seiner Besatzungszone sichern zu können. Das gelang letzten Endes auch deshalb, weil in den Massenorganisationen der SBZ und später der DDR viele SED-Mitglieder und SED-Funktionäre tätig waren.

Aufgabe 2: Auf den ersten Blick erschienen die Währungsreform und die Gründung der Bundesrepublik Deutschland im Westen einleuchtend. Beide Maßnahmen sollten dazu beitragen, die Not der Nachkriegszeit zu beenden und die Lebensverhältnisse zu normalisieren. Ziel war auch, den Deutschen schrittweise die politische Selbstverantwortung zu übertragen. – Allerdings sicherten sich die Alliierten durch das *Besatzungsstatut* wichtige Rechte. Noch war das Land nicht souverän.

Ähnliches galt auch für die Sowjetische Besatzungszone bzw. die DDR.

Mit der Gründung der beiden deutschen Staaten war die Teilung Gesamtdeutschlands zementiert. Sie entwickelten sich immer weiter auseinander. Auf Grund der in ihnen herrschenden unterschiedlichen politischen und wirtschaftlichen Prinzipien war ihr Verhältnis zueinander von Misstrauen und Feindseligkeit bestimmt. Das führte auch zu einem gefährlichen Rüstungswettlauf zwischen den Westmächten und der UdSSR.

SED-Plakat

!

Unterschiedliche Systeme – Die Bundesrepublik Deutschland

Die Bundesrepublik Deutschland wurde mit Einwilligung der Westalliierten im Jahr 1949 gegründet. Sie ist eine *parlamentarische Demokratie* nach westeuropäischem Muster. Die Staatsgrundlage ist das *Grundgesetz* (Verfassung). Die politischen Parteien leisten einen wichtigen Beitrag im politischen Leben (Art. 21 GG). Sie müssen demokratischen Grundsätzen entsprechen.

Die Bundesrepublik wurde auf Wunsch der Westalliierten, vor allem der USA, und auf eigenen Wunsch fest in die westliche Staatengemeinschaft integriert. Sie wurde im Jahr 1952 Mitglied der *Montanunion* (neben Belgien, Frankreich, Italien, Luxemburg und den Niederlanden). In der Folgezeit kam es zu weiteren wirtschaftlichen Zusammenschlüssen, z.B. *Europäische Wirtschaftsgemeinschaft* (1957) und *Europäische Union* (1992). Das angestrebte, aber noch nicht erreichte Ziel ist eine politische Union Europas.

Militärisch wurde die Bundesrepublik in die 1949 gegründete NATO eingebunden. Sie wurde 1955 Mitglied des *Nordatlantikpakts* und erhielt nun eine eigene Armee *(Bundeswehr)*.

Aufgabe 1: *Auf welche Weise ist die Bundesrepublik mit den Ländern des Westens verbunden?*

Deutschland im Kalten Krieg

!

Unterschiedliche Systeme – Die Deutsche Demokratische Republik

Die DDR wurde – ebenfalls im Jahr 1949 – als zweiter deutscher Staat gegründet. Unter sowjetischem Einfluss entstand eine *Volksdemokratie*, die sich von den bürgerlichen Demokratien des Westens unterscheiden und den Weg zum Sozialismus öffnen sollte. Eine besonders wichtige Rolle in diesem Rahmen kam der *Sozialistischen Einheitspartei Deutschlands (SED)*, der marxistisch-leninistischen Partei der Werktätigen, zu. Sie war im Jahr 1946 durch die Zwangsvereinigung von KPD und SPD entstanden. Sie bzw. ihre Spitzenfunktionäre (u.a. Walter Ulbricht und Erich Honecker) genossen diktatorische Vollmachten. Es gab noch weitere Parteien. Sie hatten sich aber dem Führungsanspruch der SED unterzuordnen.

In der DDR herrschte – im Sinne der sozialistischen Doktrin – *Planwirtschaft*. Sie war eng in das östliche Vertragssystem des *Rates für gegenseitige Wirtschaftshilfe (COMECON)*, der bereits seit 1949 bestand, integriert.

Militärisch wurde die DDR in den *Warschauer Pakt* eingebunden. Dieses Bündnis unter sowjetischer Führung entstand im Jahr 1955, nachdem die Bundesrepublik der NATO beigetreten war.

Aufgabe 1: *Nenne die wichtigen Systemunterschiede zwischen der Bundesrepublik und der DDR.*

KOHL VERLAG Stationenlernen Kalter Krieg – Bestell-Nr. 11 887

Deutschland im Kalten Krieg

!

Unterschiedliche Systeme – Die Bundesrepublik Deutschland

Lösungen

Aufgabe 1: Westdeutschland war durch ethische und politische Grundauffassungen, die sich im Lauf der Jahrhunderte herausgebildet hatten, mit den Ländern des Westens verbunden (Menschenwürde, Rechtsstaatlichkeit, Gleichheit vor dem Gesetz). Diese Prinzipien fanden ihren Ausdruck in der parlamentarischen Demokratie und in der staatlichen Rechtsordnung, die das Mitsprache- und Mitwirkungsrecht sowie die Freiheit des Einzelnen sicherte.

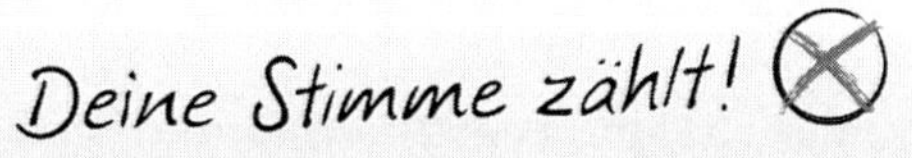

Durch wirtschaftliche Zusammenschlüsse, z.B. die Europäische Wirtschaftsgemeinschaft, entstanden enge Bindungen, die den Warenaustausch förderten und zur Anpassung der Lebensverhältnisse führten. Sie trugen dazu bei, die Nachkriegsarmut zu besiegen.

Militärisch band sich die Bundesrepublik an die NATO. Das erhöhte ihre Sicherheit gegenüber dem Ostblock, war aber nicht frei von Risiken (Wettrüsten, Kriegsgefahr).

Deutschland im Kalten Krieg

!

Unterschiedliche Systeme – Die Deutsche Demokratische Republik

Lösungen

Aufgabe 1: Die Bundesrepublik war eine *parlamentarische Demokratie*, in der die Parteien eine tragende Rolle spielten. Im Grundsatz herrschte zwischen ihnen Gleichberechtigung. Die Wahlen waren frei. Das führte dazu, dass die regierenden Parteien bzw. Parteikombinationen (Koalitionen) gelegentlich wechselten und so politische Alternativen ermöglichten.

Die DDR war eine *Volksdemokratie*. Sie erstrebte die Verwirklichung des Sozialismus im Sinne von Marx und Lenin. Dies war nur möglich, wenn die führende Partei, die SED, eine Sonderstellung einnahm und wenn sich die anderen Parteien ihrem Führungsanspruch unterwarfen. Da die Verteilung der Abgeordnetensitze in der Volkskammer vorab abgesprochen wurde, waren die Wahlen nicht wirklich frei.

In der Bundesrepublik herrschte die *Marktwirtschaft*. Das Waren- und Dienstleistungsangebot wurde im Wesentlichen durch den Mechanismus von Nachfrage und Angebot geregelt. Um Fehlentwicklungen, die sich immer wieder in der Vergangenheit gezeigt hatten, entgegenzuwirken, erhielt der Staat in der sogenannten *sozialen Marktwirtschaft* gewisse regulierende Einflussmöglichkeiten (Steuern, Subventionen, Kartellgesetze, Arbeitsrecht u.a.m.).

In der DDR wurde das Wirtschaftsleben durch die *Planwirtschaft* gesteuert. Die Produktion und die Verteilung der Waren sollten bedarfsgerecht erfolgen. In der Praxis erwies sich dieses System oft als zu bürokratisch und wenig flexibel.

Die Wiederbewaffnung Deutschlands

!

Nach der vernichtenden Niederlage des Reiches und der Wehrmacht wurde Deutschland völlig entwaffnet. Das Misstrauen und die Angst der Siegermächte waren übermächtig. Niemals sollte von Deutschland wieder ein Krieg ausgehen.

Die Entfremdung und die wachsende Feindseligkeit zwischen den Westalliierten und der Sowjetunion bewirkten in den folgenden Jahren einen spürbaren Wandel. Amerikaner, Briten und Franzosen waren nicht mehr bereit, die Rüstungslasten, die durch die Verteidigung des Westens – auch der Westzonen bzw. der Bundesrepublik Deutschland – entstanden, allein zu tragen. Nun forderten sie einen militärischen Beitrag der Deutschen in enger Verbindung mit den Westmächten.

Die Entwicklung wurde vor allem durch den im Jahr 1950 ausgebrochenen Koreakrieg zwischen dem kommunistischen Nordkorea und dem westlich orientierten Südkorea beschleunigt. Nun erlaubten die Alliierten der Bundesrepublik, zum Schutz ihrer Ostgrenzen den bewaffneten *Bundesgrenzschutz* aufzustellen.

Die Regierung unter Bundeskanzler Konrad Adenauer (CDU) sah in der Wiederbewaffnung Westdeutschlands eine Chance, die staatliche Souveränität Deutschlands zurückzugewinnen. Der grundlegende Wandel zeigte sich im Februar 1952. Der Bundestag stimmt mehrheitlich – gegen die Stimmen der SPD – einem westdeutschen Verteidigungsbeitrag zu. Die sich ankündigende Remilitarisierung wenige Jahre nach dem mörderischen Krieg führte in der Bevölkerung zu leidenschaftlichen Auseinandersetzungen.

Durch die *Pariser Verträge* vom 5. Mai 1955 wurde die Bundesrepublik Deutschland Mitglied der *Westeuropäischen Union*. Sie erhielt die staatliche Souveränität, die allerdings noch immer durch *alliierte Vorbehaltsrechte* eingeschränkt blieb. Das *Besatzungsstatut* wurde aufgehoben. Am 9. Mai 1955 wurde sie Mitglied der *NATO*, der *Nordatlantischen Verteidigungsgemeinschaft*. Der Aufbau der Bundeswehr konnte beginnen. Die damit betrauten Offiziere hatten zum allergrößten Teil bereits in der Wehrmacht gedient. –

In der Sowjetischen Besatzungszone begann die Wiederaufrüstung mit der Aufstellung kasernierter und bewaffneter Polizeieinheiten. Sie hießen ab 1952 *Kasernierte Volkspolizei.*

Diese bildete das organisatorische und personelle Fundament für die aufzustellende Armee der DDR. Sie war bereits 1952 von der Volkskammer proklamiert worden und wurde 1956 mit Billigung der Sowjetunion als *Nationale Volksarmee (NVA)* offiziell begründet (nach der Bundeswehr). – Die NVA übernahm auch ehemalige Wehrmachtsangehörige, allerdings vergleichsweise wenige Offiziere.

Bundeskanzler Adenauer bei der neuen Bundeswehr in Andernach (1956)

Aufgabe 1: *Warum war die Wiederbewaffnung in Westdeutschland so umstritten?*

Aufgabe 2: *Welche Aufgabe hatte die Nationale Volksarmee?*

KOHL VERLAG Stationenlernen Kalter Krieg – Bestell-Nr. 11 887

Die Wiederbewaffnung Deutschlands

!

Lösungen

Aufgabe 1: Die Deutschen hatten im Krieg Schreckliches erlebt. Unsäglich viele Menschen waren getötet und verwundet worden, vermisst oder gefangen, Millionen aus ihrer Heimat geflüchtet oder vertrieben worden. Bei den Kämpfen waren Häuser und Fabriken, ganze Städte in Schutt und Asche versunken. Hinzu kam bei vielen das Gefühl der Schuld: Schließlich war der Krieg von Deutschland ausgegangen. Die allermeisten Deutschen wollten so etwas nicht mehr erleben und waren – zumindest zunächst – entschieden gegen die Wiederbewaffnung: *Nie wieder Krieg!*

Das Bewusstsein wandelte sich aber im Lauf der Jahre. Dabei ging es aber nicht um die Wiederbelebung des deutschen Militarismus. Viele begriffen, dass Westdeutschland mit seiner neuen Normalität und dem nun rasch wachsenden Wohlstand durch den Osten bedroht war. Für viele war die Wiederbewaffnung auch der Preis dafür, dass man von den Westalliierten wieder in die Völkergemeinschaft aufgenommen wurde und Deutschland seine staatliche Souveränität zurückerhielt.

Aufgabe 2: Die DDR wurde ein integraler Teil des von der Sowjetunion beherrschten Ostblocks. Die neu gegründete Nationale Volksarmee erhielt ähnliche Aufgaben – unter anderen Vorzeichen – wie die Bundeswehr im Westen. Sie sollte die sozialistischen Länder und ihre Errungenschaften schützen und ggf. – so argumentierte die offizielle Propaganda – eine militärische Aggression durch die NATO abwehren. In diesem Sinne betrachtete sie sich selbst als *Friedenswacht*.

Abordnung der NVA beim SED-Parteitag 1971

Der Volksaufstand vom Juni 1953 in der DDR

Im März 1953 starb der sowjetische Staats- und Parteichef Josef Stalin. Das bedeutete aber noch keineswegs das Ende des Stalinismus. Ein Wandel trat erst im Jahr 1956 ein, als der Vorsitzende der Kommunistischen Partei der Sowjetunion (KPdSU) Nikita S. Chrustschow die Verbrechen des Diktators erstmals benannte. Mit seiner Geheimrede auf dem XX. Parteitag leitete er die *Entstalinisierung* im Ostblock ein.

In der DDR hatte es die Staats- und Parteiführung nicht geschafft, die Mehrheit der Menschen für die neue Gesellschafts- und Staatsordnung zu gewinnen. Hinzu kam, dass die Versorgung der Bevölkerung – anders als in Westdeutschland – nach wie vor sehr unzureichend war.

Um die Produktivität zu steigern, beschlossen die SED-Führung und die Regierung eine Erhöhung der Arbeitsnormen um 10 Prozent. Das kam praktisch einer drastischen Preissteigerung gleich.

Diese Maßnahme führte zu großer Unruhe und Empörung in der Bevölkerung, auch zu ersten Übergriffen gegenüber den Amtsträgern des Systems. Bauarbeiter, u.a. auf der Stalinallee in Berlin, legten ihre Arbeit nieder und formierten sich zu Protest- und Demonstrationszügen.

Es blieb aber nicht bei den Forderungen nach Verbesserung der Arbeitsbedingungen. Rasch kamen weitergehende, politische Forderungen hinzu. So wurden der Rücktritt der Regierung und freie Wahlen verlangt.

Die Protestbewegung erreichte am 17. Juni ihren Höhepunkt, obwohl die Normenerhöhung inzwischen zurückgenommen worden war. Das war der Grund dafür, dass in der Folgezeit im Westen vom *Volksaufstand* gesprochen wurde. Inzwischen hatte sich die Aufstandsbewegung über die gesamte DDR ausgebreitet. Es kam zu zahlreichen Übergriffen. Die SED-Führung rettete sich unter sowjetischen Schutz.

Die sowjetischen Behörden in der DDR verhinderten den Zusammenbruch des Systems mit Waffengewalt. Sie verhängten den Ausnahmezustand und übernahmen damit die Regierungsgewalt im Land. Panzer der Roten Armee wälzten den Aufstand nieder. Die Zahl der Todesfälle im Zusammenhang mit den erwähnten Ereignissen ist schwer zu beziffern. Nach dem Ende der Unruhen wurden viele DDR-Bürger zu hohen Strafen verurteilt.

In der Bundesrepublik Deutschland wurde der 17. Juni von 1954 bis 1990 als *Tag der deutschen Einheit* gefeiert. Er sollte an den Volksaufstand in der DDR erinnern und gleichzeitig den Wunsch nach Wiedervereinigung der beiden getrennten Teile wachhalten.

Gegen sowjetische Panzer

Aufgabe 1: *Was war der Auslöser der Juniunruhen in der DDR?*

Aufgabe 2: *Worauf zielten die politischen Forderungen?*

Aufgabe 3: *Welcher Tag ist heute der **Tag der deutschen Einheit**?*

Der Volksaufstand vom Juni 1953 in der DDR

Lösungen

Aufgabe 1: Die Unruhen wurden durch die Erhöhung der Arbeitsnormen um 10 Prozent ausgelöst. Die eigentlichen Gründe lagen aber tiefer: Die Bevölkerung der DDR war mit der Versorgung durch Lebensmittel und anderer Waren des täglichen Bedarfs sehr unzufrieden. Zudem waren sehr viele mit dem politischen System seiner einseitigen weltanschaulichen Ausrichtung und der Unterdrückung der persönlichen Freiheit nicht einverstanden.

Aufgabe 2: Die politischen Forderungen zielten auf grundlegende Veränderungen des Systems. Statt der faktischen Einparteienherrschaft sollten gleichberechtigte Parteien und freie Wahlen gestattet werden. Das ging nur, wenn die amtierende Regierung abgesetzt und die Vorherrschaft der SED beendet wurden. Die vermutlich meisten DDR-Bürger erstrebten darüber hinaus eine Wiedervereinigung mit dem Westen Deutschlands.

Aufgabe 3: Der Tag der deutschen Einheit ist heute der 3. Oktober. Er ist ein gesetzlicher Feiertag. Er erinnert daran, dass am 3. Oktober 1990 die Wiedervereinigung durch den Beitritt der DDR zur Bundesrepublik Deutschland vollzogen wurde.

Feierlichkeiten zur deutschen Wiedervereinigung vor dem Reichstagsgebäude in Berlin

KOHL VERLAG Stationenlernen Kalter Krieg – Bestell-Nr. 11 887

Die Berliner Mauer

Zwischen der Gründung im Jahr 1949 und ihrem Ende im Jahr 1990 hatten weit über 3 Millionen Menschen die DDR verlassen. Für Flucht und Übersiedlung gab es unterschiedliche Gründe, vor allem politische (Einschränkung der persönlichen und der politischen Freiheit), familiäre (Familienzusammenführung) und wirtschaftliche (schlechte Versorgung, Verstaatlichung von Eigentum, Zwangskollektivierung in der Landwirtschaft).

Für die DDR bedeutete die Republikflucht eine sehr ernste wirtschaftliche und ideologische Belastung. Ihr gingen viele arbeitsfähige, oft auf Kosten des Staates gut ausgebildete Arbeitskräfte verloren. Im Übrigen bewies die *Abstimmung mit den Füßen*, dass viele Menschen mit den Lebensverhältnissen in der von der offiziellen Propaganda so hoch gepriesenen DDR nicht zufrieden waren.

Um die Übersiedlung nach Westdeutschland zu verhindern, erließ die DDR strenge Maßnahmen:

- Im Jahr 1952 wurde die Westgrenze gegenüber der Bundesrepublik hermetisch abgeriegelt. Sie wurde mit Minen und Selbstschussanlagen gesichert. Für die Wachsoldaten galt der *Schießbefehl.*
- Der unerlaubte Übertritt über die DDR-Grenze war ein Straftatbestand *(Republikflucht)*. Er wurde mit einer Freiheitsstrafe zwischen zwei und acht Jahren geahndet.

Noch gab es freilich die Möglichkeit, die DDR vergleichsweise problemlos zu verlassen. Die Grenze zwischen Ost- und Westberlin war nicht militärisch gesichert. Noch immer verkehrten S-Bahnen zwischen den beiden Teilen der Stadt. Viele DDR-Bürger nutzten auch die Chance, sich in Westberlin, dem *Schaufenster des Westens*, über die Lebensverhältnisse dort zu informieren.

Um den Flüchtlingsstrom und die drohende Auszehrung der DDR zu unterbinden, riegelte die DDR-Führung mit sowjetischer Zustimmung am 13. August 1961 die Grenze zwischen Ost- und Westberlin sowie zwischen Westberlin und dem umgebenden DDR-Gebiet hermetisch ab. Diese Maßnahme und der Bau einer unüberwindlichen Grenzbefestigung waren ohne Ankündigung erfolgt.

Die *Berliner Mauer* war einer der Höhepunkte des Kalten Krieges. Sie trennte West- und Ostdeutschland endgültig. Von nun an gab es nur noch wenige Menschen (z.B. Rentner, international wirkende Künstler und Sportler), die die Erlaubnis erhielten, in den Westen reisen zu *dürfen*. Viele fühlten sich infolge der rigorosen Einschränkung der Freizügigkeit und der Reisefreiheit als Gefangene in ihrem eigenen Land.

Bekanntlich bestand die Berliner Mauer 28 Jahre lang. Ihre völlig überraschende Öffnung am Abend des 9. November 1989 leitete das Ende der DDR ein und war ein besonders wichtiger Schritt auf dem Weg zur Wiedervereinigung.

Aufgabe 1: *Welche Gründe veranlassten viele Menschen zum Verlassen der DDR?*

Aufgabe 2: *Wie versuchte die DDR, die Massenumsiedlung zu verhindern?*

Aufgabe 3: *Wie wurde der Bau der Berliner Mauer innerhalb und außerhalb der DDR bewertet?*

Mauerbau in Berlin

Die Berliner Mauer

Lösungen

Aufgabe 1: Die Gründe für das Verlassen der DDR waren vielfältig. Viele Menschen fühlten sich bedroht, unfrei und unterdrückt. Die herrschende politische Ordnung war für sie eine weltanschaulich begründete Diktatur kommunistischer Prägung.

Andere konnten die Trennung von ihren Verwandten in Westdeutschland nicht ertragen und wollten mit ihnen zusammenleben.

Schwerwiegend waren auch die wirtschaftlichen Gründe. Die Versorgungslage in der DDR war wesentlich schlechter als in Westdeutschland *(Mangelwirtschaft)*. Hinzu kamen poltisch-ideologisch begründete Eingriffe in das private Eigentum, z.B. durch die Bodenreform, die Verstaatlichungen von privaten Unternehmen und die erzwungene Kollektivierung der Landwirtschaft.

Flüchtlinge aus der DDR

Aufgabe 2: Die Grenze zwischen der Sowjetischen Besatzungszone und dann der DDR wurde immer stärker befestigt und immer undurchlässiger. Dazu dienten Stacheldraht und Wachtürme, Minen, Selbstschussanlagen und der Todesstreifen. Zahlreiche illegale „Grenzverletzer" kamen auch infolge des Schießbefehls ums Leben.

Die Republikflucht war ein Straftatbestand und wurde streng mit Gefängnisstrafen und sozialer Benachteiligung geahndet.

Das letzte Schlupfloch, die Ausreise über Westberlin, wurde im Jahr 1961 durch die Berliner Mauer geschlossen.

Aufgabe 3: Die DDR-Führung versuchte, bei der Bevölkerung für Verständnis für die Mauer zu werben und bezeichnete sie als *antifaschistischen Schutzwall*. Angeblich diente sie zum Schutz vor der Bedrohung durch die Bundesrepublik und die NATO.

Für viele Menschen in der DDR wirkte sie wie eine Gefängnismauer. Nun waren sie fast völlig von Verwandten im Westen abgeschlossen. Es gab so gut wie keine Möglichkeit mehr, aus der DDR auszureisen oder westliche Länder kennenzulernen.

Im Westen wurde die Mauer als Provokation verstanden. Sie was Ausdruck der östlichen Konfrontationspolitik. Darüber hinaus bewies sie, dass die DDR von einem großen, vielleicht dem größten Teil ihrer Bevölkerung abgelehnt wurde und dass sich Wirtschaft und Staat insgesamt in einer lebensbedrohlichen Krise befanden.

KOHL VERLAG Stationenlernen Kalter Krieg – Bestell-Nr. 11 887

Rüstung, Wirtschaft und Wissenschaft

!

Nach dem Ende des Zweiten Weltkriegs standen zwei Weltmächte einander gegenüber, die Vereinigten Staaten von Amerika (USA) und die Union der Sozialistischen Sowjetrepubliken (UdSSR). Beide waren bestrebt, ihren jeweiligen Machtbereich zu vergrößern und zu festigen. So entstanden zwei einander feindlich gesonnene Blöcke, deren Mitglieder durch Verträge aneinander gebunden waren. Eine kriegerische Auseinandersetzung schien möglich zu sein. Jeder der beiden Mächte war aber bewusst, dass sie gegebenenfalls zu schrecklichen Verheerungen führen würde.

Durch eine schönfärberische und oft übertriebene *Propaganda* versuchten der Westen und der Osten, die jeweiligen Vorteile ihres Systems unter Beweis zu stellen.

Die Konkurrenz zwischen den USA und der Sowjetunion erstreckte sich auf verschiedenste Bereiche:

- *Weltanschauung*: Beide Mächte waren von der Richtigkeit ihrer politischen Grundordnung überzeugt. Die Amerikaner vertraten ein liberal-demokratisches System, die Russen eine durch Lenin und Stalin definierte Form des Kommunismus.
- *Rüstung*: Das gegenseitige Misstrauen führte zu einem *Wettrüsten* auf beiden Seiten, und zwar in Bezug auf konventionelle Waffen (Panzer, Flugzeuge) als auch auf atomare Waffen und Raketen mit großer Reichweite. Bald reichte das nukleare Waffenarsenal aus, um die ganze Erde vernichten zu können *(Overkill)*.
- *Wirtschaft*: Im Westen war die Wirtschaft marktwirtschaftlich-kapitalistisch organisiert. Der Markt bestimmte, was und wieviel produziert wurde. Das Gewinnstreben des Einzelnen belebte den Wirtschaftsprozess.

  Im Osten herrschte Planwirtschaft. Die richtete sich nach dem errechneten Bedarf und versprach eine angemessene und gerechte Verteilung der Wirtschaftsgüter. Zu keinem Zeitpunkt wurde hier aber das westliche Niveau erreicht. Das lag auch an den viel zu hohen Kosten für die Rüstung.
- *Wissenschaft*: Beide Weltmächte unternahmen einen geradezu verbissenen Wettlauf, um ihre technologische und wissenschaftliche Überlegenheit unter Beweis zu stellen. Beide erreichten enorme technologische Erfolge. Durch den ersten Weltraumsatelliten *Sputnik 1* (1957) erzielte die UdSSR einen spektakulären propagandistischen Vorteil. Die USA zogen nach. Besonders erwähnenswert ist die von ihnen unternommene Landung auf dem Mond (1969).
- *Kunst und Literatur* entfalteten sich im Westen frei von staatlicher Bevormundung. Der individualistische Ansatz führte zu einer verwirrenden Vielfalt künstlerischer Gestaltungsformen. In der Sowjetunion war der Einfluss von Staat und Partei auf die Kunstschaffenden und die Schriftsteller sehr bestimmend. Der *sozialistische Realismus* war die anerkannte Ausdrucksform.

Aufgabe 1: *Recherchiere: Wie hieß der erste sowjetische bzw. amerikanische Raumpilot? Wann startete er ins Weltall?*

Aufgabe 2: *Recherchiere: Wie hießen die amerikanischen bzw. sowjetischen Nobelpreisträger für Literatur zwischen 1917 und 1991?*

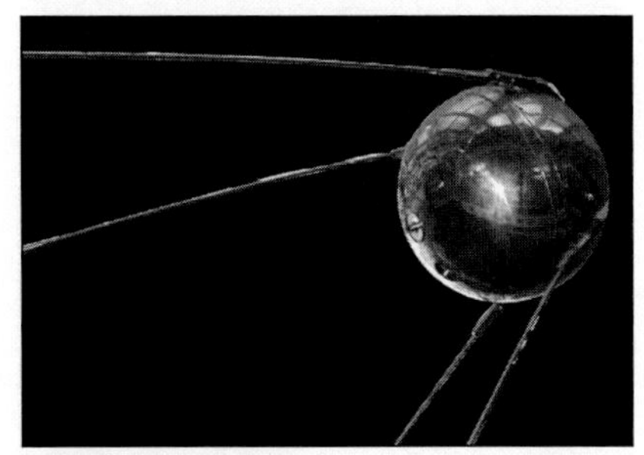

Sputnik 1 (Modell)

KOHL VERLAG Stationenlernen Kalter Krieg – Bestell-Nr. 11 887

Rüstung, Wirtschaft und Wissenschaft

!

Lösungen

Aufgabe 1: Der erste bemannte Raumflug fand am 12. April 1961 statt. An Bord des Wostok-Raumschiffs befand sich der sowjetische Pilot **Juri Gagarin**.

Kurz darauf, am 5. Mai 1961, startete der Amerikaner **Alan Shepard** in einer Mercury-Kapsel zum ersten amerikanischen Raumflug.

Aufgabe 2: USA:
Sinclair Lewis (1930)
Eugene O'Neill (1936)
Pearl S. Buck (1938)
William Faulkner (1949)
Ernest Hemingway (1954)
John Steinbeck (1962)
Saul Bellow (1976)
Isaac Bashevis Singer (1978)
Joseph Brodsky (1987)

UdSSR:
Michail Scholochow (1965)
Boris Pasternak (1958 – Gab den Preis auf Druck der sowjetischen Führung wieder zurück. Er wurde aber nach seinem Tod von seinem Sohn entgegengenommen).
Alexander Solschenizyn (1970)

Juri Gagarin

Ernest Hemingway

KOHL VERLAG Stationenlernen Kalter Krieg – Bestell-Nr. 11 887

Die Kriege in China und in Korea

!

Die Anti-Hitler-Koalition, die dazu beigetragen hatte, Hitler-Deutschland und das Kaiserreich Japan zu besiegen, zerbrach bald nach dem Krieg. Ein großer militärischer Konflikt war nicht auszuschließen. Da sowohl die Amerikaner als auch die Sowjets über Atom- und Wasserstoffbomben verfügten, drohte ein unvorstellbares Inferno. Die nuklearen Waffenvorräte hätten ausgereicht, um die gesamte Menschheit auszulöschen.

Zu dem schrecklichen großen Krieg kam es nicht. Allerdings gab es eine Reihe militärischer Konflikte, an denen die Weltmächte nur indirekt beteiligt waren. Diese Kriege werden als *Stellvertreterkriege* bezeichnet. Sie spielten sich in Drittstaaten ab. Die Weltmächte blieben im Hintergrund.

Die Kommunisten in der Nachfolge von Marx und Lenin erstrebten die *Weltrevolution*. Es musste gelingen, immer mehr Länder der Erde im Sinn geschichtlicher Gesetzmäßigkeiten zu revolutionieren.

In *China* herrschte nach dem Ende der Kaiserzeit und der Ausrufung der Republik (1911/12) seit vielen Jahren Bürgerkrieg. Er wurde nur durch den Kampf gegen die Japaner unterbrochen, die im Jahr 1937 China überfallen hatten. Dieser Krieg dauerte bis zum Jahr 1945.

Zwei große politische Gruppierungen rangen nun um die Macht. Die Nationalisten wurden von Chiang Kai-shek (Tschiang Kai Schek), die Kommunisten von Mao Zedong (Mao Tse-tung) angeführt. Unterstützt wurden sie durch die USA auf der einen und die Sowjetunion auf der anderen Seite.

Nach einem zermürbenden, lange unentschiedenen Kampf siegten die Kommunisten über die Nationalisten. Am 1. Oktober 1949 rief Mao in Peking die *Volksrepublik China* aus. Das volkreichste Land der Erde war von nun an kommunistisch.

Chiang Kai-shek floh mit seinen Anhängern auf die Insel Formosa und gründete dort die westlich orientierte Republik *Nationalchina (Taiwan)*.

Die an China angrenzende Halbinsel *Korea* war bis zum Ende des Zweiten Weltkrieges eine japanische Kolonie. Nun wurde es von den Siegermächten in ein kommunistisch geprägtes Nordkorea und ein westliches Südkorea aufgeteilt.

Im Juni 1950 wurde Südkorea von nordkoreanischen Truppen angegriffen. Sie erstrebten die Wiedervereinigung des Landes unter kommunistischer Führung. Die Südkoreaner und die sie unterstützenden Amerikaner bzw. Truppen der Vereinten Nationen leisteten erbitterten Widerstand. Die Nordkoreaner wurden vor allem von China, teilweise aber auch von der Sowjetunion unterstützt.

Das mörderische Ringen endete im Jahr 1953 mit einem Waffenstillstand. Die Zweiteilung des Landes blieb bestehen. Der Koreakrieg wirkte wie ein Alarmsignal. Die Westmächte waren nun entschlossen, den Vormarsch der Kommunisten mit aller Gewalt zu verhindern.

Zivilisten im Koreakrieg

Aufgabe 1: *Was bedeutet der Begriff Stellvertreterkriege?*

Aufgabe 2: *Weshalb wurden die Ereignisse in China und Korea im Westen als Alarmsignale gewertet?*

Stationenlernen Kalter Krieg – Bestell-Nr. 11 887

Die Kriege in China und in Korea

!

Lösungen

Aufgabe 1: Die Großmächte bzw. Weltmächte führten keine Kriege unmittelbar gegeneinander. Das vor allem auch deshalb nicht, weil das Risiko einer Weltkatastrophe unkalkulierbar erschien.

Sie waren aber sehr wohl darauf bedacht, ihre Macht unter Beweis zu stellen und zu behaupten, ggf. auch ihren Einflussbereich zu vergrößern. Sie duldeten nicht, dass der Gegner dies tat.

Für die USA galt die Truman-Doktrin von 1947. Der Vormarsch der Kommunisten sollte darüber hinaus durch die *Roll-back-Strategie* (Strategie des Zurückrollens, Zurückdrängens) aufgehalten werden.

Die kriegerischen Auseinandersetzungen spielten sich in Drittstaaten ab, weil hier das Risiko insgesamt geringer und kalkulierbarer war. Die Großmächte zogen im Hintergrund die Fäden.

Aufgabe 2: Die Revolution in China und der Angriff Nordkoreas auf Südkorea waren für Amerika, aber auch für die Staatengemeinschaft (Vereinte Nationen) ein Beweis für die Aggressivität der kommunistischen Weltbewegung. Das anzustrebende Ziel blieb die Weltrevolution.

Wenn die westlichen Länder der Entwicklung nicht Einhalt geboten – so die Argumentation vor allem der USA –, dann würden zahlreiche andere Länder kommunistisch werden. Einige europäische Länder hatten starke und einflussreiche kommunistische Parteien (Italien, Frankreich). Gefährdet waren vor allem die ärmeren Länder der Erde, z.B. in Afrika und Südostasien sowie in Süd- und Mittelamerika.

Die Idole des Weltkommunismus:
Karl Marx, Friedrich Engels, Wladimir Iljitsch Lenin, Josef Stalin, Mao Zedong

Der Vietnamkrieg

Keiner der Kriege in der Zeit nach dem Zweiten Weltkrieg hat im Bewusstsein der Menschen so tiefe Spuren hinterlassen wie der (zweite) Vietnamkrieg zwischen 1955 und 1975. Er endete damit, dass das ganze Land, der Norden und der Süden, kommunistisch wurde. Den Vietnamesen war es unter ungeheuren Opfern gelungen, die Weltmacht USA zu besiegen. Für die Amerikaner wurde der Krieg zum nationalen Trauma. Bis heute wird leidenschaftlich über den Sinn des Ganzen debattiert.

Nach dem Ende der japanischen Herrschaft in Südostasien hatte Frankreich vergeblich versucht, seine Kolonialherrschaft in Vietnam wiederherzustellen. Im Jahr 1954 wurde das Land geteilt. Der Norden wurde nun kommunistisch, der Süden von einem westlich orientierten autoritären System regiert. Um den Vormarsch der Kommunisten aufzuhalten, wurde es von den USA militärisch und wirtschaftlich unterstützt.

Auslöser für den Krieg, in den nun auch die USA verwickelt wurden, waren bürgerkriegsähnliche Unruhen im Süden. Bewaffnete kommunistische Verbände wollten die Regierung stürzen und den Norden und den Süden wiedervereinigen.

Den USA ging es darum, einen weiteren Vormarsch der Kommunisten unter allen Umständen zu verhindern (Politik des *Roll-back*).

Seit Anfang 1965 ließ der amerikanische Präsident Lyndon B. Johnson Nordvietnam durch die US-Luftwaffe bombardieren. Immer mehr amerikanische Bodentruppen wurden in Südvietnam eingesetzt, um den kommunistischen Vietcong niederzuringen. Nun griff der Krieg auch auf die benachbarten Länder Laos und Kambodscha über. Beide wurden in der Folgezeit ebenfalls kommunistisch.

Die südvietnamesischen Revolutionäre wurden vom nordvietnamesischen Staatschef Ho Chiminh mit Soldaten und Waffen, die größtenteils aus der Sowjetunion stammten, unterstützt. Die Taktik des *Guerillakrieges* erwies sich gegenüber der hoch technisierten Kriegsführung der Amerikaner als außerordentlich wirksam. Das Leid der Zivilbevölkerung war unbeschreiblich. Um ihre militärischen Ziele besser ausmachen zu können, entlaubten die Amerikaner das Land mit dem höchstgiftigen Dioxin *Agent Orange*. Bis heute führt die Vergiftung des Landes noch immer zu Fehlbildungen bei Neugeborenen und zu Krebserkrankungen.

Die Friedensgespräche zogen sich jahrelang hin. Im Jahr 1973 verließen die Amerikaner Vietnam. Die Südvietnamesen waren – trotz amerikanischer Waffenhilfe – nicht in der Lage, das Land zu stabilisieren. Im Mai 1975 besetzten die Nordvietnamesen und die südvietnamesischen Vietcong die südvietnamesische Hauptstadt Saigon (heute: Ho-Chi-Minh-Stadt). Die Verteidiger kapitulierten.

Der Krieg, der vermutlich mehrere Millionen Tote gefordert hatte, war zu Ende. Vietnam wurde unter kommunistischer Führung wiedervereinigt.

Kampfhubschrauber in Vietnam

Aufgabe 1: *Aus welchem Grund griffen die USA in den Krieg zwischen Nord- und Südkorea ein?*

Aufgabe 2: *Warum engagierten sich Millionen von Menschen in den USA und auf der ganzen Welt gegen den Vietnamkrieg?*

Stationenlernen Kalter Krieg – Bestell-Nr. 11 887

Der Vietnamkrieg

Lösungen

Aufgabe 1: Die Amerikaner hatten erleben müssen, dass unter Stalin ein mächtiger, ihnen feindlich gesonnener Ostblock entstanden war. Dem sowjetischen Diktator war es gelungen, in mehreren ost- und südosteuropäischen Staaten ein kommunistisches System zu erzwingen.

Im Jahr 1949 begründete Mao Zedong im bevölkerungsreichsten Land der Erde die kommunistische Volksrepublik China. Auch Nordkorea und Nordvietnam wurden kommunistisch. In weiteren Ländern bestand die Gefahr eines kommunistischen Umsturzes.

Die Amerikaner waren längst entschlossen, eine weitere Ausbreitung des Kommunismus zu verhindern (Truman-Doktrin von 1947, Roll-Back-Politik). Da es in Südvietnam bereits zu Unruhen gekommen war, an denen sich kommunistische Untergrundkämpfer maßgeblich beteiligten, schien der Zeitpunkt zum Handeln gekommen zu sein.

Aufgabe 2: Sicher waren zu Beginn viele Menschen davon überzeugt, dass das amerikanische Eingreifen in Vietnam berechtigt und notwendig sei. Im Lauf des Krieges schlug die Stimmung um. Nun wuchsen die Zweifel am Vorgehen und an der Ehrlichkeit der Regierung in Washington.

Der Stimmungsumschwung verstärkte sich dramatisch, als durch Presseberichte die Brutalität des Krieges, der vor allem die Zivilbevölkerung, aber auch die kämpfenden Truppen ausgesetzt waren, bekannt wurden (u.a. Flächenbombardierungen, Vergiftung mit *Agent Orange*). Schließlich wuchs die Einsicht, dass der Krieg gegen Nordvietnam und die südvietnamesischen Vietcong – auch wegen der von den Kommunisten praktizierten Guerillataktik – nicht zu gewinnen war.

Die Niederlage der USA traf das Selbstbewusstsein der Nation wie ein Schock. Außerhalb des Landes war insbesondere bei linksgerichteten Gruppierungen ein militanter Antiamerikanismus entstanden.

Vietcong-Kämpfer beim Überqueren eines Flusses

Die Stellvertreterkriege

Die Kubakrise

Im Jahr 1959 hatten Fidel Castro und seine Anhänger den kubanischen Diktator Batista gestürzt und auf der Insel in der Karibik ein sozialistisch-kommunistisches Regime errichtet. Der Versuch der USA, dies zu verhindern, war gescheitert. Die Amerikaner empfanden die Machtübernahme durch die Revolutionäre deshalb als besonders bedrohlich, weil die USA nur 180 Kilometer von der Insel entfernt liegen.

Eine hochexplosive Lage entstand, als Kuba und die Sowjetunion im Oktober 1962 Vorbereitungen trafen, auf der Insel sowjetische Mittelstreckenraketen für Atomsprengköpfe zu stationieren. Das sollte die Antwort auf amerikanische Raketen in der Türkei sein. Präsident John F. Kennedy reagierte hart und entschlossen. Er drohte mit militärischem Eingreifen und sogar dem Einsatz von Atomwaffen, wenn die UdSSR die schon auf dem Weg nach Kuba befindlichen Raketen nicht zurückzog.

Etwa zwei Wochen lang drohte ein vernichtender Krieg zwischen den Weltmächten und ihren Verbündeten. Dann zeigte die harte Haltung Kennedys Wirkung: Der sowjetische Partei- und Regierungschef Nikita S. Chrustschow gab nach und ließ die sowjetischen Raketen zurücktransportieren. Im Gegenzug verzichten die USA – insgeheim – auf die Stationierung ihrer Raketen in der Türkei.

Aufgabe 1: *Warum war die Kubakrise so gefährlich?*

Die Stellvertreterkriege

Der Krieg in Afghanistan

In Afghanistan trafen die Großmächte nicht unmittelbar aufeinander. Aber auch hier ging es darum, die eigenen Einflusszonen zu vergrößern und zu stabilisieren. Der seit 1978 andauernde Konflikt ist noch nicht beigelegt. Die politischen Verhältnisse im Land sind nur schwer zu durchschauen.

Der Krieg begann mit einem kommunistischen Staatsstreich im Jahr 1978 und dem Einmarsch der Sowjetarmee im Jahr 1979. Den Sowjets gelang es nicht, das Land zu befrieden. Die kommunistische Regierung und die Sowjetarmee führten einen verbissenen, aber letzten Endes erfolglosen Kampf gegen islamische Widerstandsgruppen. Im Jahr 1989 zogen sich die Sowjets aus Afghanistan zurück.

Bald darauf brach ein innerafghanischer Bürgerkrieg aus. Die radikal-islamische *Taliban*-Bewegung eroberte in weiten Teilen des Landes die Macht und errichtete ein terroristisches Herrschaftssystem.

Die Anschläge vom 11. September 2001 in New York und Washington veranlassten die USA zur Intervention in Afghanistan. Zwar wurde die Taliban-Regierung gestürzt, eine demokratische Verfassung beschlossen und eine demokratisch legitimierte Regierung eingesetzt, aber eine dauerhafte Friedensordnung konnte durch die Amerikaner und die mit ihnen zusammenwirkenden NATO-Verbände, unter ihnen die deutsche Bundeswehr, nicht erreicht werden.

Aufgabe 1: *Was veranlasste die USA und die NATO-Staaten, in die inneren Konflikte in Afghanistan einzugreifen?*

Die Kubakrise

Die Stellvertreterkriege

Lösungen

Aufgabe 1: Die USA waren entschlossen, eine Ausweitung des kommunistischen Machtbereichs mit allen Mitteln zu verhindern. Durch die Absicht der Sowjetunion, auf Kuba Mittelstreckenraketen zu stationieren, entstand eine ganz neue Lage. Es ging nicht nur um eine Machtdemonstration. Kuba liegt nicht weit von der US-amerikanischen Küste entfernt. Die Amerikaner mussten die Raketen als unmittelbare Bedrohung ihrer eigenen Sicherheit verstehen.

Kennedy wollte und musste dies verhindern. Wenn Chrustschow nicht einlenkte, dann würden die Waffen, notfalls sogar Atomwaffen, entscheiden. Urplötzlich war ein vernichtender Krieg zwischen den beiden Weltmächten möglich geworden.

Reichweite der Mittelstreckenraketen

Der Krieg in Afghanistan

Die Stellvertreterkriege

Lösungen

Aufgabe 1: Der Überfall islamistischer Terroristen auf das World Trade Center in New York und das Pentagon (Verteidigungsministerium) bei Washington am 11. September 2001 löste in den USA einen tiefgehenden Schock aus. Die USA waren im eigenen Land angegriffen worden. Die Anschläge forderten fast 3.000 Tote.

Die Täter gehörten der islamistischen Terrororganisation Al Kaida an. Die Amerikaner werteten den Überfall als Kriegserklärung und versuchten, die Organisation zu zerschlagen. Dazu gehörte auch der Einsatz von US-Truppen seit 2001 in Afghanistan. Verbündete NATO-Staaten unterstützten die Amerikaner, weil sie den Terror auch für ihre eigenen Länder als lebensbedrohende Gefahr ansahen.

Zwar wurde der Anführer der Al Kaida, Osama bin Laden, im Jahr 2011 von amerikanischen Spezialeinheiten aufgespürt und getötet, es gelang aber nicht, die islamistischen Terrororganisationen, z.B. die Taliban oder Al Kaida, zu zerschlagen.

Bundeswehreinsatz in Afghanistan

Aufstände in der DDR, in Ungarn und der Tschechoslowakei

Im Jahr 1953 hatte die Sowjetunion den *Volksaufstand in der DDR* vom Juni niedergeschlagen und damit das kommunistische System gerettet.

Ähnliches wiederholte sich beim *ungarischen Volksaufstand* im Jahr 1956. Allerdings war er noch viel einschneidender als der in der DDR. Die Unzufriedenheit mit der kommunistischen Herrschaft und der Anwesenheit der Roten Armee im Land führten zu heftigen Demonstrationen. Als die Regierung auf die Massen schießen ließ, kam es zu blutigen Kämpfen. Die Kommunisten wurden für abgesetzt erklärt. Imre Nagy bildete eine neue, demokratische Regierung. Ungarn erklärte seine Neutralität und trat aus dem Warschauer Pakt aus.

Die Phase der politischen Selbstständigkeit dauerte aber nur kurz. Die Sowjetunion verstärkte ihre Truppen im Land und schlug den Aufstand brutal nieder. János Kádár bildete eine neue kommunistische und prosowjetische Regierung. Hunderte von Aufständischen wurden hingerichtet, unter ihnen Ministerpräsident Imre Nagy, Zehntausende zu hohen Strafen verurteilt. Hunderttausende Ungarn flohen ins westliche Ausland.

Bemerkenswert ist, dass die NATO nicht in diesen blutigen Konflikt eingriff. Das hatte zwei Gründe: Einerseits scheute sie das Risiko eines großen Krieges mit unabsehbaren Folgen. Andererseits respektierte sie die Eigenverantwortlichkeit der Sowjetunion in ihrem in der Nachkriegszeit entstandenen und längst zementierten Machtbereich.

Die kommunistische Führung bewertete die Aufstände als *Konterrevolutionen*. Das gab ihr das vermeintliche Recht, mit äußerster Entschlossenheit und Brutalität zu reagieren.

Der sogenannte *Prager Frühling* des Jahres 1968 nahm zunächst einen auffällig anderen Verlauf. Hier gingen die Liberalisierungsbemühungen von der Kommunistischen Partei unter der Führung von Alexander Dubček aus. Er wollte – gewissermaßen von innen heraus – Partei und Staat demokratisieren und einen *Sozialismus mit menschlichem Antlitz* durchsetzen.

Zunächst schien sich die Sowjetunion zurückhalten zu wollen. Dann aber gingen ihr die Veränderungsabsichten in Prag entschieden zu weit. Am 21. August 1968 marschierten eine halbe Million Soldaten des Warschauer Pakts in die Tschechoslowakei ein. Bei den Auseinandersetzungen gab es zahlreiche Tote. – Die Nationale Volksarmee der DDR beteiligte sich (wohl mit Rücksicht auf den deutschen Einmarsch im Jahr 1939) nicht an der Aktion. Sie verharrte an der Grenze in Bereitschaft. Dubček und seine Anhänger wurden schrittweise von ihren Gegnern entmachtet; die Reformvorhaben wurden zurückgenommen. Es begann eine harte Strafaktion und die Säuberung der Kommunistischen Partei. Viele tausend Menschen flohen nach Westen.

Straßenkämpfe in Prag

Aufgabe 1: *Warum konnten die Reformversuche bzw. die Aufstände in der DDR, in Ungarn und in der Tschechoslowakei nicht erfolgreich sein?*

Aufgabe 2: *Welche Besonderheit zeigte Dubčeks Reformbemühen?*

KOHL VERLAG Stationenlernen Kalter Krieg – Bestell-Nr. 11 887

Aufstände in der DDR, in Ungarn und der Tschechoslowakei

Lösungen

Aufgabe 1: Die Kommunisten waren von der Richtigkeit ihrer Weltanschauung und ihres Handelns überzeugt. Der von Marx und Engels formulierte *wissenschaftliche Sozialismus* hatte sie angeblich die Entwicklungsgesetze der Gesellschaft gelehrt.

Im Übrigen war die sowjetische Führung in Moskau nicht gewillt, auf ihre Führungsrolle und ihre Macht im Ostblock zu verzichten. Notfalls mussten sie mit Waffengewalt verteidigt bzw. wiederhergestellt werden. Eine uneingeschränkte Souveränität der sozialistischen Länder gab es nicht.

Aufgabe 2: Dubček war selbst Kommunist. Grundsätzlich stellte er den Kommunismus nicht in Frage. Er erkannte aber, dass Idee und Wirklichkeit weit auseinander klafften. In den sozialistischen Ländern herrschten Unfreiheit, Willkür und politische Bevormundung. Alle wichtigen Entscheidungen wurden in Moskau getroffen. Die Versorgung der Bevölkerung war – verglichen mit dem Westen – sehr schlecht.

Die tschechischen und slowakischen Reformer wollten einen *Sozialismus mit menschlichem Antlitz* schaffen. Dazu gehörten individuelle Freiheit, ein demokratisches Staatswesen und die Befreiung des Wirtschaftslebens von administrativer Knebelung.

Alexander Dubček

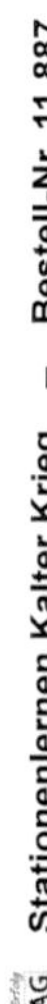

Stationenlernen Kalter Krieg – Bestell-Nr. 11 887

Die Breschnew-Doktrin

„Die KPdSU ist stets dafür eingetreten, dass jedes sozialistische Land die konkreten Formen seiner Entwicklung auf dem Wege des Sozialismus unter Berücksichtigung der Spezifik seiner nationalen Bedingungen bestimmt. Bekanntlich bestehen aber auch allgemeine Gesetzmäßigkeiten des sozialistischen Aufbaus. Eine Abkehr von ihnen könnte zu einer Abkehr vom Sozialismus führen. Und wenn die inneren und äußeren, dem Sozialismus feindlichen Kräfte die Entwicklung irgendeines sozialistischen Landes auf die Restauration der kapitalistischen Ordnung zu wenden versuchen, wenn eine Gefahr für den Sozialismus in diesem Land, eine Gefahr für die Sicherheit der gesamten sozialistischen Staatengemeinschaft entsteht, ist das nicht nur ein Problem des betreffenden Landes." (Prawda, 13. November 1968)

Leonid I. Breschnew

Aufgabe 1: *Der Artikel in der sowjetischen Zeitung Prawda enthält eine Definition der Breschnew-Doktrin, benannt nach dem Parteichef der KPdSU. Fasse sie kurz zusammen.*

Aufgabe 2: *Welcher Zusammenhang besteht mit dem Einmarsch der Warschauer-Pakt-Staaten in die Tschechoslowakei (1968)?*

Unruhen im Ostblock

Was stimmt?

Aufgabe 1: *Finde die richtige Lösung.*

a) Die Volksrepublik China wurde in diesem Jahr gegründet:
- ○ 1945
- ○ 1970
- ○ 1949

b) Nach dem Koreakrieg (1950-1953) wurde das Land:
- ○ wiedervereinigt
- ○ geteilt

c) Der Vietnamkrieg endete 1975 mit:
- ○ dem Sieg der amerikanischen Truppen
- ○ der Wiedervereinigung des Landes durch die Kommunisten
- ○ der erneuten Teilung des Landes

d) Die Kubakrise im Jahr 1962 entstand durch:
- ○ die Revolution Fidel Castros
- ○ die Stationierung sowjetischer Mittelstreckenraketen auf der Insel
- ○ das Wirtschaftsembargo (Handelssperre) der USA

e) Der *Prager Frühling* erstrebte:
- ○ einen Sozialismus mit menschlichem Antlitz
- ○ einen Sozialismus nach chinesischem Muster
- ○ einen Sozialismus nach britischem Vorbild (Labour Party)

KOHL VERLAG Stationenlernen Kalter Krieg – Bestell-Nr. 11 887

Die Breschnew-Doktrin

Unruhen im Ostblock

Lösungen

Aufgabe 1: Die einzelnen Länder dürfen eigene Formen des Sozialismus gemäß ihren nationalen Besonderheiten entwickeln. Es gibt aber auch allgemeine Gesetzmäßigkeiten des Sozialismus. Wenn ein Land sich davon abwendet, vielleicht sogar die Wiederherstellung der kapitalistischen Ordnung anstrebt, dann muss sich die gesamte sozialistische Staatenwelt bedroht fühlen (und entsprechend handeln).

Aufgabe 2: Die Breschnew-Doktrin ist die nachträgliche Rechtfertigung der militärischen Intervention der Warschauer-Pakt-Staaten in die (souveräne) Tschechoslowakei im August 1968.

Prawda – Parteiorgan der Kommunistischen Partei der Sowjetunion

Was stimmt?

Unruhen im Ostblock

Lösungen

Aufgabe 1:

a) Die Volksrepublik China wurde im Jahr **1949** durch Mao Zedong gegründet.

b) Nach dem Koreakrieg (1950-1953) wurde das Land in das kommunistische Nordkorea und das westlich orientierte Südkorea **geteilt**.

c) Der Vietnamkrieg endete 1975 mit der **Wiedervereinigung des Landes durch die Kommunisten.**

d) Die Kubakrise im Jahr 1962 entstand durch die (beabsichtigte) Stationierung **sowjetischer Mittelstreckenraketen auf der Insel.**

e) Der Prager Frühling erstrebte einen **Sozialismus mit menschlichem Antlitz.**

Prag mit Karlsbrücke

Die Entspannungspolitik

Das Verhältnis zwischen den beiden von den USA und der UdSSR dominierten Blöcken war über lange Zeit von Misstrauen und Feindseligkeit bestimmt. Das militärische Wettrüsten überforderte die Volkswirtschaften, insbesondere die der Sowjetunion. Eine kriegerische Auseinandersetzung erschien nicht ausgeschlossen.

In der Bundesrepublik Deutschland war die Regierungspolitik seit der Gründung im Jahr 1949 von der CDU bestimmt worden. Sie hoffte auf den Wiedergewinn der deutschen Ostgebiete und verweigerte der DDR die Anerkennung (*Hallstein-Doktrin*, 1955). Auf Grund der weltpolitischen Gegebenheiten gab es allerdings keinen Hinweis darauf, dass sich der Status quo in absehbarer Zeit ändern würde.

Neue Impulse gewann die Deutschlandpolitik durch die im Jahr 1966 gegründete Regierung der Großen Koalition unter Bundeskanzler Kurt-Georg Kiesinger (CDU) und Außenminister Willy Brandt (SPD).

Seit 1969 regierte eine sozial-liberale Koalition unter Bundeskanzler Willy Brandt (SPD) und Außenminister Walter Scheel (FDP). Gegen allergrößte Widerstände betrieb die Regierung eine Normalisierung der Verhältnisse mit der DDR, der Sowjetunion und anderen Staaten des Ostblocks. In zähen Verhandlungen wurde eine ganze Reihe von Verträgen ausgehandelt, die zur Entspannung beitragen sollten:

- der Moskauer Vertrag (1970)
- der Warschauer Vertrag (1970)
- das Viermächteabkommen über Berlin (1971)
- das Transitabkommen (1971)
- der Grundlagenvertrag *(Vertrag über die Grundlagen der Beziehungen zwischen der Bundesrepublik Deutschland und der Deutschen Demokratischen Republik)* (1972)

Das Vertragswerk beinhaltete eine Reihe grundlegender politischer Grundsatzfragen. Dazu gehörten der gegenseitige Gewaltverzicht und die Anerkennung der bestehenden Grenzen. Für die Bundesrepublik bedeutete das die Anerkennung der Oder-Neiße-Grenze als polnische Westgrenze und den Verzicht auf die ehemaligen deutschen Ostgebiete.

Vereinbart wurden Reiseerleichterungen nach Ostberlin und in die DDR sowie Erleichterungen für die Benutzung der Transitwege durch die DDR.

Im Grundlagenvertrag wurde die DDR als selbstständiger Staat anerkannt. Die beiden deutschen Staaten verpflichteten sich zu gutnachbarschaftlichen Beziehungen. Nun war es möglich, dass beide Staaten Mitglieder der Vereinten Nationen werden konnten (1973).

Walter Scheel

Aufgabe 1: *Welche Gründe sprachen gegen, welche für die Entspannungspolitik der Regierung Brandt/Scheel?*

Aufgabe 2: *Welche staatsrechtlichen Folgerungen ergaben sich aus dem Grundlagenvertrag zwischen der Bundesrepublik und der DDR?*

KOHL VERLAG Stationenlernen Kalter Krieg – Bestell-Nr. 11 887

Die Entspannungspolitik

Lösungen

Aufgabe 1: Für die Gegner der Entspannungspolitik war der Preis zu hoch. Gelegentlich wurde von *Verzichtpolitik* gesprochen. Die Bundesrepublik, die sich bis dahin als alleiniger Vertreter Deutschlands und Rechtsnachfolger des Deutschen Reiches verstanden hatte, musste auf die Ostgebiete verzichten und die polnische Westgrenze an Oder und Neiße anerkennen. Hinzu kam, dass das kommunistische System („Unrechtsstaat") als gleichberechtigter und souveräner Staat anerkannt wurde. Eine Wiedervereinigung erschien unter diesen Umständen nahezu unmöglich.

Die Befürworter der Entspannungspolitik hofften auf eine Verbesserung der Lebensverhältnisse für die Menschen im Osten und auf bessere Reisemöglichkeiten. Insgesamt erwarteten sie durch die verschiedenen Verträge eine Verringerung des Misstrauens zwischen den Westdeutschen auf der einen und den Ostdeutschen, Russen, Polen, Tschechen u.a. auf der anderen Seite. Sie sollten dazu dienen, leidlich normale nachbarschaftliche Verhältnisse zu ermöglichen.

Aufgabe 2: Durch die Verträge wurde die Deutsche Demokratische Republik als souveräner Staat anerkannt. Es gab von nun an zwei selbstständige deutsche Staaten. Das zeigte sich auch daran, dass beide in die Vereinten Nationen aufgenommen wurden.

Der sogenannte Alleinvertretungsanspruch der Bundesrepublik Deutschland, der vor allem auch in der Hallstein-Doktrin von 1955 festgeschrieben worden war, galt nicht mehr.

Treffen von Willy Brandt und DDR-Ministerpräsident Willi Stoph im März 1970 in Erfurt/DDR

!

Die Konferenz über Sicherheit und Zusammenarbeit in Europa

Versuche, vertragliche Regelungen für eine Friedensordnung in Europa und Rüstungsbeschränkungen zu erreichen, hatte es seit 1950 gegeben. Das Hauptziel war, die immer noch drohende Kriegsgefahr zu verringern. Ein weiteres Ziel war bisweilen auch, den beherrschenden Einfluss der Großmächte USA und UdSSR in Europa einzudämmen. Letzten Endes blieb aber allen Bemühungen ein durchschlagender Erfolg versagt.

Die Verbesserung des politischen Klimas zwischen Ost und West Anfang der siebziger Jahre – vor allem auch durch die neue deutsche Ostpolitik und die in diesem Zusammenhang ausgehandelten Verträge – weckte neue Hoffnungen.

Die *Konferenz über Sicherheit und Zusammenarbeit in Europa (KSZE)* in Helsinki trug ganz erheblich zur politischen Entspannung bei. Die Schlussakte vom August 1975, die von den Teilnehmerstaaten unterschrieben wurde, enthielt eine Reihe verbindlicher Selbstverpflichtungen für ein möglichst konfliktfreies Zusammenleben, u.a.:

- Gewaltverzicht
- Unverletzlichkeit der bestehenden Grenzen (u.a. zwischen der Bundesrepublik und der DDR, Oder-Neiße-Grenze)
- friedliche Regelung von Streitfällen
- Nichteinmischung in innere Angelegenheiten
- Achtung der Menschenrechte
- Zusammenarbeit in Wirtschaft, Wissenschaft, Technik und Umweltfragen

Die Passage, die sich mit den Menschenrechten befasste, erhielt in der Folgezeit eine zunächst kaum beachtete Bedeutung: Bürgerrechtsbewegungen in mehreren Ländern des Ostens beriefen sich auf die getroffenen Vereinbarungen und bedrängten ihre Regierungen, die im Vertrag unterschriebenen Selbstverpflichtungen auch umzusetzen.

Das galt z.B. für die Bürgerrechtsbewegung in der DDR oder die polnische Gewerkschaft *Solidarność (Solidarität)*. Sie ging im Jahr 1980 aus einem Streik an der Leninwerft in Danzig hervor und war die erste freie Gewerkschaft im Ostblock. Sie wurde von der katholischen Kirche Polens, dem aus Polen stammenden Papst Johannes Paul II. und von ausländischen Organisationen unterstützt. Ihr Vorsitzender war der Werftelektriker Lech Wałęsa.

Die Gewerkschaft Solidarność hatte wesentlichen Anteil an der politischen Wende seit 1989. Wałęsa wurde nach der Wende polnischer Staatspräsident.

Erich Honecker und Helmut Schmidt in Helsinki, 1975

Aufgabe 1: *Welchen Zielen diente die KSZE in Helsinki?*

Aufgabe 2: *Warum wurden die Aussagen der Schlussakte über die Menschenrechte in der Folgezeit so wichtig?*

Die Konferenz über Sicherheit und Zusammenarbeit in Europa

!

Lösungen

Aufgabe 1: Alle Beteiligten der Konferenz hofften auf eine politische Entspannung in Europa. Sie sollte die Feindseligkeiten zwischen den Blöcken und die latente Kriegsgefahr verringern und die durch die Hochrüstung außerordentlich belasteten Volkswirtschaften entlasten.

Zudem sollte die Zusammenarbeit auf allen Gebieten, insbesondere auch in der Wirtschaft, zum gegenseitigen Nutzen erleichtert und verstärkt werden.

Aufgabe 2: Die Aussagen der Schlussakte über die Menschenrechte standen fürs Erste nur *auf dem Papier*. In mehreren Ländern wurden sie aber von oppositionellen Gruppen aufgegriffen. Diese erinnerten daran, dass sich ihre Regierungen freiwillig für die Einhaltung der Menschenreche verpflichtet hatten. An der Umsetzung der Forderungen wurden sie nun gemessen.

Streik auf der Lenin-Werft in Danzig, 1980

Michail S. Gorbatschow und die Perestroika

!

Die politische Führungsriege der Sowjetunion setzte sich traditionell aus alten Männern zusammen, die sich in der Kommunistischen Partei und im Staat hochgedient hatten. Man sprach von einer *Gerontokratie* (grch. *Herrschaft der Alten*). Im Jahr 1985 wurde Gorbatschow Generalsekretär der KPdSU. Mit 54 Jahren war er der zweitjüngste in der Geschichte der Partei.

Sein erklärtes Ziel war es, die KPdSU und die Sowjetunion aus ihrer Erstarrung zu lösen, zu liberalisieren und zu modernisieren. Seine beiden Hauptforderungen nannte er Perestroika und Glasnost.

Perestroika: Das Wort bedeutet *Umbau, Umgestaltung*. Sie betrafen nicht nur die Politik im engeren Sinne, sondern auch die Gesellschaft und die Wirtschaft der Sowjetunion.

Glasnost: Mit diesem Begriff meinte Gorbatschow die *Offenheit* von Partei und Regierung gegenüber der Bevölkerung und die Transparenz politischer Entscheidungen.

Obwohl Gorbatschow den Kommunismus in der Sowjetunion im Grundsatz nicht in Frage stellte, öffnete er den Weg zu einer freiheitlicheren und menschlicheren Staats- und Gesellschaftsordnung.

Aufgabe 1: *Inwiefern bedeuteten Perestroika und Glasnost einen Bruch mit den sowjetischen Gepflogenheiten?*

KOHL VERLAG Stationenlernen Kalter Krieg – Bestell-Nr. 11 887

Zitate über den Frieden

An den Frieden denken heißt, an die Kinder denken. (Michail Gorbatschow)

Wer auf den Krieg vorbereitet ist, kann den Frieden am besten wahren. (George Washington)

Du und ich – wir sind eins. Ich kann dir nicht wehtun, ohne mich zu verletzen. (Mahatma Gandhi)

Ich bin nicht sicher, mit welchen Waffen der dritte Weltkrieg ausgetragen wird, aber im vierten Weltkrieg werden sie mit Stöcken und Steinen kämpfen. (Albert Einstein)

Je stärker wir sind, desto unwahrscheinlicher ist der Krieg. (Otto von Bismarck)

Frieden kannst du nur haben, wenn du ihn gibst. (Marie von Ebner-Eschenbach)

Der Friede ist das Meisterstück der Vernunft. (Johannes von Müller, Historiker)

Aufgabe 1: *Suche dir zwei Zitate aus, die sich inhaltlich deutlich unterscheiden. Sprich darüber mit deinen Klassenkameradinnen und Klassenkameraden oder entwirf eine kurze Erläuterung.*

Die Flagge der Vereinten Nationen

KOHL VERLAG Stationenlernen Kalter Krieg – Bestell-Nr. 11 887

Das Ende des Kalten Krieges

Michail S. Gorbatschow und die Perestroika

!

Lösungen

Aufgabe 1: Der Staat und die Kommunistische Partei in der Sowjetunion wurden von einer kleinen Gruppe einflussreicher Funktionäre geführt. Besondere, oft diktatorische Macht besaßen der Generalsekretär (Vorsitzender), die Mitglieder des Politbüros und die des Zentralkomitees der KPdSU. Sie glaubten – im Sinne von Marx, Engels und Lenin –, die Gesetze der geschichtlichen Entwicklung zu kennen, und leiteten daraus ihre Entscheidungen ab. Zwar wurde über die getroffenen Beschlüsse abgestimmt, in der Regel ging es aber nur darum, sie zu bestätigen *(sozialistische Demokratie)*.

Gorbatschow wollte im Gegensatz dazu wirklich demokratische Elemente einführen. Das beinhaltete offene und kontroverse Diskussionen, die Präsentation von Gegenvorschlägen und freie Abstimmungen.

Michail S. Gorbatschow

Das Ende des Kalten Krieges

Zitate über den Frieden

Lösungen

Aufgabe 1: *Ich bin nicht sicher, mit welchen Waffen der Dritte Weltkrieg ausgetragen wird, aber im Vierten Weltkrieg werden sie mit Stöcken und Steinen kämpfen.* (Albert Einstein)

Albert Einstein weiß, dass ein Dritter Weltkrieg infolge der modernen Waffentechnik zu den schrecklichsten Verwüstungen führen muss. Die menschliche Zivilisation wird weitestgehend vernichtet. Der Mensch selbst sinkt auf die Stufe des Urmenschen zurück. Wenn es nun noch einmal Krieg gibt, dann kämpft er nicht mehr mit Gewehren und Kanonen, Panzern und Flugzeugen, sondern nur noch mit primitiven Waffen wie Stöcken und Steinen. – Sein Zitat ist indirekt ein dringender Appell, den Frieden zu bewahren.

Je stärker wir sind, desto unwahrscheinlicher ist der Krieg. (Otto von Bismarck)

Otto von Bismarck vertraute in seiner Zeit auf militärische Stärke. Der Frieden – so argumentierte er – ist sicher, wenn der mögliche Feind dadurch abgeschreckt wird. Um den Frieden und den Bestand des von ihm gegründeten Reiches zu sichern, setzte Bismarck aber zusätzlich auf ein ausgeklügeltes Vertragssystem.

Die deutsche Wiedervereinigung I

Im Oktober 1989 hatte die DDR ihr 40-jähriges Bestehen gefeiert. Die Festlichkeiten sollten darüber hinwegtäuschen, dass sie mit großen Schwierigkeiten zu kämpfen hatte. Der Liberalisierungskurs des sowjetischen Parteichefs Michail S. Gorbatschow wurde von der SED-Führung abgelehnt. Dieser kommentierte die starre Haltung in Ostberlin angeblich mit den Worten: *Wer zu spät kommt, den bestraft das Leben.* Tatsächlich stammt dieses Zitat aber nicht von ihm selbst.

Dennoch – kaum jemand dachte daran, dass die Tage der DDR gezählt waren. Im Gegenteil: Die westdeutsche Ostpolitik und auch wirtschaftliche Hilfe aus dem Westen schienen zur Stabilisierung beigetragen zu haben. – Die existenzbedrohende Massenflucht nach Westen war bereits nach dem Bau der Berliner Mauer im Jahr 1961 versiegt.

Allerdings wuchs der innere Widerstand gegen das ideologisch engstirnige und oft diktatorische System. Starke Proteste lösten die gefälschten Ergebnisse der Kommunalwahlen vom Mai 1989 aus. Nun entstanden verschiedene Protestgruppen. Besondere Bedeutung kam dabei der evangelischen Kirche zu. In Leipzig und in anderen Städten der DDR organisierten sich die Kritiker des Systems in den sogenannten *Montagsdemonstrationen*. Sie standen unter dem Motto: *Wir sind das Volk!*

Viele DDR-Bürger versuchten, ihr Land über Drittstaaten, vor allem über Ungarn und die Tschechoslowakei zu verlassen. Ungarn erlaubte ihnen den Grenzübertritt nach Österreich. Unter dem Druck der Verhältnisse gab die DDR-Führung nach und ließ die in der deutschen Botschaft in Prag eingeschlossenen Flüchtlinge mit dem Zug nach Westdeutschland ausreisen.

Der öffentliche Druck wurde so stark, dass der Staatsratsvorsitzende und der Parteivorsitzende der SED, Erich Honecker, im Oktober 1989 von seiner eigenen Partei zum Rücktritt gezwungen wurde. Anfang November fand die größte Protestdemonstration mit rund einer Million Teilnehmern auf dem Alexanderplatz in Berlin statt. Wenige Tage später traten die Regierung und das Politbüro zurück.

Am Abend des 9. November 1989 gab der SED-Sprecher Günter Schabowski in einer Pressekonferenz bekannt, dass die DDR-Bürger ab sofort Reisen ins Ausland ohne besonderen Anlass unternehmen könnten. Die vorzeitige Bekanntgabe dieser Information beruhte auf einem Missverständnis.

Viele, die die Bekanntgabe im Fernsehen verfolgt hatten, drängten zu den Grenzübergangsstellen. Die Grenzsoldaten waren dem Ansturm von Tausenden Menschen nicht gewachsen und öffneten die Schlagbäume. Eine regelrechte Invasion von DDR-Bürgern und Trabant-Autos *(Trabis)* ergoss sich über Westberlin und die Bundesrepublik. – Die Ereignisse vom 9. November 1989 bedeuteten nicht nur das Ende der Mauer; sie leiteten auch das Ende der DDR ein.

Protestdemonstration in Ostberlin

Aufgabe 1: *Wodurch wurde die Protestwelle in der DDR ausgelöst bzw. verstärkt?*

Aufgabe 2: *Die Öffnung der Grenze an der Berliner Mauer war so nicht vorgesehen. Wie kam sie zustande?*

KOHL VERLAG Stationenlernen Kalter Krieg – Bestell-Nr. 11 887

Die deutsche Wiedervereinigung I

Lösungen

Aufgabe 1: Die politischen und wirtschaftlichen Zustände in der DDR hatten sich nicht wesentlich verbessert. Hinzu kam, dass die Führung nicht bereit war, den Liberalisierungskurs von Michail Gorbatschow für die DDR zu übernehmen. Aus propagandistischen Gründen wurden Wahlergebnisse gefälscht. Die Ausreisewünsche vieler Bürger wurden von den Behörden zurückgewiesen.

Aufgabe 2: Unter dem für das System bedrohlichen Druck, der vor allem von den Bürgerrechtsbewegungen ausging, mussten sich die Staats- und Parteiführungen zu Kompromissen durchringen. Allerdings war es immer noch möglich, dass sie ihre Vorstellungen mit Gewalt (Staatsicherheitsdienst, Polizei, Nationale Volksarmee) durchsetzte.

Im Grundsatz schienen Ausreiseerleichterungen für DDR-Bürger unumgänglich. Der Beschluss, der noch nicht amtlich war, wurde versehentlich durch Günter Schabowski zu früh bekannt gegeben. Dies löste eine erdrutschartige Volksbewegung aus. Die Grenze nach Westberlin und dann auch die gegenüber der Bundesrepublik wurde buchstäblich überrannt.

Grenzübergang Wartha (Eisenach)

KOHL VERLAG Stationenlernen Kalter Krieg – Bestell-Nr. 11 887

Die deutsche Wiedervereinigung II

Etwas völlig Unerwartetes, ja unmöglich Erscheinendes war geschehen: Am 09. November 1989 hatten die Staats- und die Parteiführung der DDR dem Druck der Massen nachgegeben und die Grenzen nach Westen geöffnet. Die friedliche Revolution der Bürger errang damit einen gewaltigen Etappensieg. Die Begeisterung war ungeheuer. Das alles war aber nur deshalb möglich, weil sich die Machthaber zurückhielten und darauf verzichteten, die Volksbewegung – wie im Juni 1953 – mit Waffengewalt niederzuschlagen.

Zu diesem Zeitpunkt war freilich noch lange nicht entschieden, wie der weitere Weg der DDR aussehen würde. Die innere Reform, die mit der weitgehenden Entmachtung der SED bereits begonnen hatte, galt als eine Möglichkeit. Andere, wahrscheinlich die Mehrheit der DDR-Bürger, forderten die Wiedervereinigung der beiden deutschen Staaten. Die Entwicklung vollzog sich in mehreren Schritten:

- Die bedrohliche wirtschaftliche Situation und der politische Zerfall förderten den Wunsch nach Wiedervereinigung. Es wurde beschlossen, am 18. März 1990 eine neue DDR-Volkskammer zu wählen. Den größten Stimmenanteil erzielte die *Allianz für Deutschland*, ein Wahlbündnis der Mitte, dem unter anderem die Ost-CDU angehörte. Sie unterstützte die Absicht von Bundeskanzler Helmut Kohl, durch eine rasche Wiedervereinigung vollendete Tatsachen zu schaffen.
- Zwischen der Bundesrepublik und der DDR wurde eine *Währungsunion* vereinbart. Am 1. Juli 1990 sollte die DDR-Währung im Verhältnis 1:1 durch die DM ersetzt werden. Die Einführung der Marktwirtschaft beendete die Planwirtschaft in Ostdeutschland.
- Die Verwirklichung der deutschen Einheit hing wesentlich von den Siegermächten des Zweiten Weltkriegs ab. Von besonderer Wichtigkeit waren die Voten der Sowjetunion und der USA. Gorbatschow war bereit, den Deutschen die Entscheidung über ihren Weg selbst zu überlassen.
- Nach erheblichen Meinungsverschiedenheiten im Westen wurde am 31. August 1990 der Einigungsvertrag unterzeichnet und am 20. September von beiden deutschen Parlamenten beschlossen.
- Der Beitritt der DDR zur Bundesrepublik fand am 3. Oktober 1990 *(Tag der deutschen Einheit)* statt. Brandenburg, Mecklenburg-Vorpommern, Sachsen, Sachsen-Anhalt und Thüringen wurden Länder der Bundesrepublik.

Wiedervereinigungsfeier vor dem Reichstag

Aufgabe 1: *Warum erschien für viele eine rasche Wiedervereinigung wünschenswert?*

Aufgabe 2: *Welche Schritte führten zur Wiedervereinigung?*

Aufgabe 3: *Warum war die Zustimmung der Großmächte erforderlich?*

- Der *Zwei-plus-Vier-Vertrag* zwischen der Bundesrepublik Deutschland und der DDR sowie den USA, der Sowjetunion, Großbritannien und Frankreich wurde im September 1990 beschlossen und trat im folgenden Jahr in Kraft. Er war die unabdingbare Voraussetzung für die Wiedervereinigung. Er besitzt die Qualität eines Friedenvertrags und beendete die Nachkriegszeit. Die bestehenden Grenzziehungen wurden als endgültig anerkannt.

Stationenlernen Kalter Krieg – Bestell-Nr. 11 887

Die deutsche Wiedervereinigung II

Lösungen

Aufgabe 1: Viele Menschen hatten die Hoffnung, dass die DDR durch innere Reformen stabilisiert werden könnte, aufgegeben. Das Land stand vor dem wirtschaftlichen Ruin. Es war nicht anzunehmen, dass es der internationalen Konkurrenz gewachsen sein würde.

Eine rasche Wiedervereinigung versprach den fünf neuen Ländern stabile politische und wirtschaftliche Verhältnisse (Kohl: *„blühende Landschaften"*). Allerdings ahnte man noch nicht, dass es ganz erhebliche Übergangsprobleme geben würde (u.a. Kollaps der Wirtschaft, Arbeitslosigkeit).

Für Bundeskanzler Helmut Kohl war klar, dass man die Gunst der Stunde nutzen musste. Die durchaus nicht selbstverständliche Einvernehmlichkeit der Großmächte war eine einmalige Chance.

Aufgabe 2: Ein wichtiger Schritt waren die Wahlen zur Volkskammer im März 1990. Sie sicherten in der DDR eine demokratische Mehrheit für die Einigung.

Durch die Währungs- und Sozialunion wurde die DDR in das marktwirtschaftliche System Westdeutschlands einbezogen.

Der Einigungsvertrag war ein demokratisch gefasster Beschluss beider deutscher Staaten. Er beinhaltete den Beitritt der DDR bzw. der fünf neuen Länder zur Bundesrepublik Deutschland.

Der Zwei-plus-Vier-Vertrag enthielt die Zustimmung der vier Siegermächte zur Wiedervereinigung.

Aufgabe 3: Bis 1990 gab es noch keinen Friedensvertrag mit dem im Jahr 1945 besiegten Deutschland. Die Siegermächte hatten sich die endgültige Regelung der deutschen Verhältnisse bis zu einem Friedensvertrag vorbehalten. Durch den Zwei-plus-Vier-Vertrag, der einem Friedensvertrag entsprach, waren die seit 1945 bestehenden alliierten Vorbehaltsrechte von nun an endgültig aufgehoben.

Einigungsvertrag im Archiv des Auswärtigen Amtes

KOHL VERLAG Stationenlernen Kalter Krieg – Bestell-Nr. 11 887

Der Zerfall der Sowjetunion

!

Im Jahr 1917 hatte die bolschewistische Revolution unter Wladimir Iljitsch Lenin gesiegt. Russland wurde kommunistisch. Im Jahr 1922 schlossen sich mehrere Staaten zur *Union der Sozialistischen Sowjetrepubliken (UdSSR)* zusammen. *Die Russische Sozialistische Föderative Sowjetrepublik (RSFSR)* mit ihrer Hauptstadt Moskau hatte die unbestrittene Führungsrolle inne.

In den achtziger Jahren wurden die inneren Probleme der Union unübersehbar. Die Liberalisierungstendenzen des neuen Parteivorsitzenden Michail S. Gorbatschow schwächten den Einfluss der Kommunistischen Partei mit ihren überkommenen Machtstrukturen und weckten in der Bevölkerung große Hoffnungen auf Veränderungen. Das militärische Eingreifen in Afghanistan in den Jahren 1979 bis 1989 endete im Chaos.

Zur Schwächung der Sowjetunion trugen auch die sich ankündigenden Veränderungen in den verbündeten Nachbarländern bei. In diesem Zusammenhang sind vor allem die friedliche Revolution in Ostdeutschland und die Vorbereitung der deutschen Wiedervereinigung in den Jahren 1989/90 zu nennen.

Im Jahr 1989 hatte Michail S. Gorbatschow den Staaten des Warschauer Pakts – im Gegensatz zu der Breschnew-Doktrin von 1968 – erlaubt, ihre eigenen Angelegenheiten selbstständig zu regeln. Dies wiederum weckte Erwartungen bei den sehr stark von Moskau abhängigen Teilrepubliken der UdSSR.

Die Schwäche der Zentralgewalt führte dazu, dass zwischen März und Dezember 1990 nun eine Sowjetrepublik nach der anderen aus der Union austrat und sich für selbstständig erklärte. Im Dezember 1990 wurde die Auflösung der Sowjetunion beschlossen und der Unionsvertrag von 1922 für nunmehr ungültig erklärt.

Es folgen Jahre politischer Instabilität und Unruhe. Boris N. Jelzin war im Juni in einer (der ersten) demokratischen Wahl zum Präsidenten von Russland gewählt worden. Er entmachtete Gorbatschow und zwang ihn zum Rücktritt. Symbolisch wurde in Moskau die sowjetische Flagge mit Hammer und Sichel eingeholt und durch die weiß-blau-rote Fahne Russlands ersetzt.

Am 8. Dezember 1991 schlossen sich Russland, Weißrussland und die Ukraine, drei Nachfolgestaaten der Sowjetunion, zur *Gemeinschaft Unabhängiger Staaten (GUS)* zusammen. Acht weitere ehemalige Sowjetrepubliken folgten. Sie bemühten sich, die durch den Untergang der Sowjetunion verloren gegangenen wirtschaftlichen und sicherheitspolitischen Verbindungen zu erneuern. Ein in allem einheitlicher Kurs war in der Folgezeit aber nicht mehr zu erreichen.

Wappen der Sowjetunion (bis 1991)

und der Russischen Föderation (ab 1993)

Aufgabe 1: *Nenne Gründe für den Zerfall der Sowjetunion.*

Aufgabe 2: *Welche politischen Aufgaben hatten die nunmehr selbstständigen ehemaligen Sowjetrepubliken zu meistern?*

Der Zerfall der Sowjetunion

!

Lösungen

Aufgabe 1: Ein wichtiger Grund für den Zerfall der UdSSR war die Unzufriedenheit der Menschen mit den herrschenden Lebensbedingungen. Das hing auch damit zusammen, dass sehr viel Geld für die Rüstung aufgewendet werden musste.

Die vor allem von Gorbatschow ausgelöste Liberalisierungsdebatte *(Perestroika, Glasnost)* weckte den Wunsch nach größerer politischer Freiheit, sowohl bei den einzelnen Menschen als auch bei den von Moskau abhängigen 15 Teilrepubliken der Sowjetunion *(Zentralismus)*.

Der Krieg in Afghanistan, der viele Opfer forderte, erwies sich letzten Endes als politischer Irrweg.

Aufgabe 2: Die ehemaligen Teilrepubliken der UdSSR waren im Großen und Ganzen von Moskau aus regiert worden. Nun mussten sie in allem selbstständig handeln und entsprechend politische und Verwaltungsstrukturen aufbauen. Über demokratische Erfahrungen verfügten sie alle nicht und experimentierten deshalb mit unterschiedlichen, oft autoritären Herrschaftsformen.

Die durch die Verselbstständigung verloren gegangenen Bindungen versuchten die meisten ehemaligen Sowjetrepubliken durch die *Gemeinschaft Unabhängiger Staaten (GUS)* zu ersetzen. Der Erfolg dieser Bemühungen war allerdings mäßig.

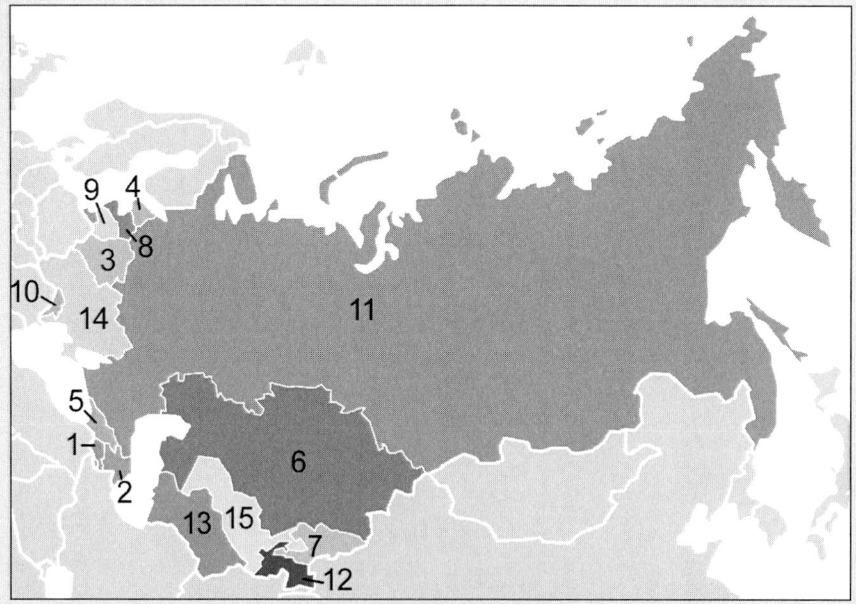

Nachfolgestaaten der Sowjetunion (alphabetisch): 1. Armenien; 2. Aserbaidschan; 3. Weißrussland; 4. Estland; 5. Georgien; 6. Kasachstan; 7. Kirgisistan; 8. Lettland; 9. Litauen; 10. Moldawien; 11. Russland; 12. Tadschikistan; 13. Turkmenistan; 14. Ukraine; 15. Usbekistan

Das Ende des Kalten Krieges

Zusammengehöriges

Aufgabe 1: *Welche Begriffe gehören inhaltlich zusammen? Erläutere den Zusammenhang stichwortartig.*

Perestroika | Währungsunion | NATO | Dubček | 9. November 1989 | Planwirtschaft | Glasnost | Helsinki | KPdSU | GUS | Marktwirtschaft | Zwei-plus-Vier-Vertrag | Verfassung | KSZE | DM | Warschauer Pakt | Volksdemokratie | Grundgesetz | SED | Demokratie | Prager Frühling | UdSSR | Mauerfall | Siegermächte

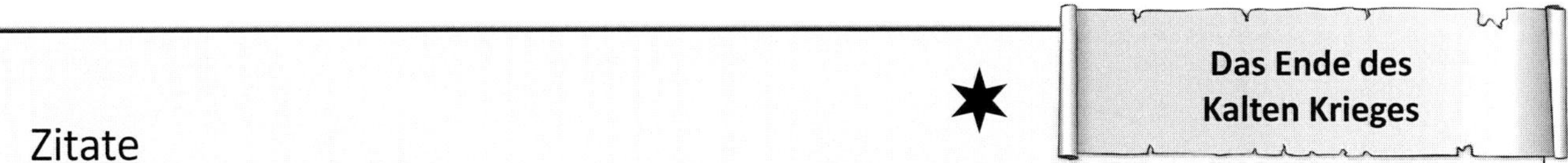

Zitate

Aufgabe 1: *Schreibe eine kurze Stellungnahme (etwa eine halbe DIN A4-Seite) zu einem der folgenden Zitate. Deine persönliche Meinung ist erwünscht.*

- *Dieser Krieg wird anders enden als alle, die ihm vorausgegangen sind. Wo die Truppen am Ende des Krieges stehen, dort werden sie bleiben.* (Josef Stalin)
- *Ein totalitärer Staat wird nur dann bereit sein, sich friedlich einzuordnen in das Gesamtgefüge der Völker, wenn seine Machthaber wissen, dass jedes Ausbrechen, jeder Angriff für sie selbst schwerste, unter Umständen vernichtende Folgen hat.* (Konrad Adenauer)
- *Es ist weit besser, Ost und West begegnen einander auf einem Gipfel als am Rande des Abgrunds.* (John F. Kennedy)
- *Der Kommunismus ist die einzige politische Bewegung der Welt, die, mit der wissenschaftlichen Theorie der gesellschaftlichen Entwicklung ausgerüstet, klar die historischen Perspektiven der Menschheit erkennt.* (Leonid Breschnew)
- *Mein eigentlicher Erfolg war, mit dazu beigetragen zu haben, dass in der Welt, in der wir leben, der Name unseres Landes und der Begriff des Friedens wieder in einem Atemzug genannt werden können.* (Willy Brandt)

Stationenlernen Kalter Krieg – Bestell-Nr. 11 887

Das Ende des Kalten Krieges

Zusammengehöriges 

Lösungen

Aufgabe 1:

Verfassung – Grundgesetz: Das Grundgesetz ist die Verfassung der Bundesrepublik. Dieser Begriff wurde nicht verwendet, weil der neue Weststaat zunächst als Provisorium verstanden wurde.

SED – KPdSU: marxistisch-leninistische Parteien in der DDR und in der Sowjetunion.

Demokratie – Volksdemokratie: westliche Staatsform, die auf der Gleichberechtigung der Menschen und der Parteien fußt; östliche Staatsform, die aus ideologischen Gründen die politischen Gruppierungen der Werktätigen privilegiert.

Planwirtschaft – Marktwirtschaft: zwei konkurrierende Wirtschaftsformen. Bei der Planwirtschaft wird nach Bedarf geplant (Rohstoffe, Arbeitskräfte, Maschinen), bei der Marktwirtschaft entscheiden im Wesentlichen Angebot und Nachfrage.

NATO – Warschauer Pakt: westliches und östliches Militärbündnis.

Dubček – Prager Frühling: Parteichef der tschechoslowakischen Kommunisten, der einen humanen Sozialismus (Frühling) anstrebte.

KSZE – Helsinki: Die Konferenz über Sicherheit und Zusammenarbeit in Europa fand im neutralen Finnland statt.

Glasnost – Perestroika: zentrale Forderungen Gorbatschows zur Modernisierung des kommunistischen Systems in der Sowjetunion (und im Ostblock).

9. November 1989 – Mauerfall: Tag der Öffnung der Berliner Mauer.

DM – Währungsunion: Einführung der D-Mark am 1. Juli 1990 in der DDR.

Siegermächte – Zwei-plus-Vier-Vertrag: abschließender Vertrag über Deutschland im Jahr 1990.

Das Ende des Kalten Krieges

Zitate ✶

Lösungen

Aufgabe 1: *Mögliche Ideen:*

Stalin: Er ist der Sieger des Zweiten Weltkriegs und entschlossen, die erkämpfte Machtposition zu behalten. Die Sowjetunion ist inzwischen zu einer Groß- und Weltmacht aufgestiegen. Stalin wird seinen Einflussbereich durch den Kommunismus absichern. – Im Übrigen ist seine Außenpolitik eine Fortsetzung der zaristischen Expansionspolitik.

Adenauer: Der Bundeskanzler vertraut auf die Politik der Stärke. Der Gegner wird nicht angreifen, wenn das Risiko, zu unterliegen, für ihn zu groß ist. So erklären sich u. a. der Beitritt zur NATO und die westdeutsche Wiederbewaffnung.

Kennedy: Der Präsident ist überzeugt, dass alles getan werden muss, um einen bewaffneten, zum Abgrund führenden Konflikt zu vermeiden. Dazu gehören vor allem auch internationale Konferenzen (Abrüstung, Rüstungsbeschränkung, Frieden).

Breschnew: Der Kommunismus verfügt mit dem wissenschaftlichen Sozialismus über eine Theorie, die ihn allen anderen Bewegungen überlegen macht und schließlich gesetzmäßig zum Sieg führt.

Brandt: Er ist stolz darauf, dass – nach den schrecklichen Ereignissen im Dritten Reich – Westdeutschland infolge seiner Außenpolitik (Ostpolitik) für den Frieden steht.

KOHL VERLAG Stationenlernen Kalter Krieg – Bestell-Nr. 11 887

Zeittafel

1945, 8. Mai	Kapitulation der deutschen Wehrmacht. Ende des Krieges im Westen
1945, 17. Juli – 2. August	Potsdamer Konferenz
1945, 6. und 9. August	Amerikanische Atombombenabwürfe über Hiroshima und Nagasaki
1945, 2. September	Kapitulation Japans. Ende des Krieges in Asien
1945	Gründung der Vereinten Nationen
1946	Zwangsvereinigung von SPD und KPD zur SED in der Sowjetischen Besatzungszone
1947	Truman-Doktrin
1947	Marshall-Plan
1948, 20. Juni	Währungsreform in den Westzonen
1948, 23. Juni	Währungsreform in der Ostzone
1948/49, Juni - Mai	Berlin-Blockade, Luftbrücke zwischen Westdeutschland und Westberlin
1949	Gründung des Rates für gegenseitige Wirtschaftshilfe (COMECON)
1949	Gründung des Nordatlantikpakts (NATO)
1949, 23. Mai	Gründung der Bundesrepublik Deutschland
1949	Gründung der Volksrepublik China durch Mao Zedong
1949, 7. Oktober	Gründung der Deutschen Demokratischen Republik
1950-1953	Koreakrieg
1951	Europäische Gemeinschaft für Kohle und Stahl (Montanunion)
1953	Tod Stalins
1953, Juni	Aufstand in der DDR
1955-1975	(Zweiter) Vietnam-Krieg
1955	Bundesrepublik Deutschland Mitglied der NATO, Souveränität
1955	Gründung des Warschauer Pakts
1956	Aufstellung der Bundeswehr, Wiederbewaffnung Westdeutschlands
1956	Beginn der Entstalinisierung durch Nikita S. Chrustschow
1956	Aufstand in Ungarn, Niederschlagung durch die Sowjetarmee
1957	Gründung der Europäischen Wirtschaftsgemeinschaft (EWG)

KOHL VERLAG Stationenlernen Kalter Krieg – Bestell-Nr. 11 887

Zeittafel

1957, 4. Oktober	Erster künstlicher Erdsatellit (UdSSR, Sputnik)
1959	Staatsstreich Fidel Castros auf Kuba
1961, 12. April	Erster bemannter Weltraumflug (UDSSR, Gagarin)
1961, 13. August	Bau der Berliner Mauer
1966-1969	Große Koalition Kiesinger (CDU) und Brandt (SPD)
1968	Reformbewegung in der Tschechoslowakei unter Dubček, Besetzung durch Warschauer-Pakt-Staaten
1968	Breschnew-Doktrin
1969, 21. Juli	Erste Menschen auf dem Mond
1969-1974	Sozial-liberale Regierung unter Brandt (SPD) und Scheel (FDP)
ab 1970	Ostverträge, u. a. Moskauer Vertrag (1970) und Grundlagenvertrag (1972)
1973	Bundesrepublik Deutschland und Deutsche Demokratische Republik Mitglieder der Vereinten Nationen
1975	Kapitulation Südvietnams. Ende des Vietnamkrieges
1975	Konferenz über Sicherheit und Zusammenarbeit in Europa (KSZE) in Helsinki. Unterzeichnung der Schlussakte
1979-1989	Sowjetische Intervention in Afghanistan
1980	Gründung der freien Gewerkschaft Solidarność (Solidarität) in Polen
1985	Gorbatschow Generalsekretär der KPdSU
1989, 9. November	Öffnung der Berliner Mauer
1990, 1. Juli	Währungsunion zwischen der Bundesrepublik und der DDR
1990, 3. Oktober	Wiedervereinigung Deutschlands
1991	Zerfall der Sowjetunion
1991	Gründung der Gemeinschaft Unabhängiger Staaten (GUS)
2001, 11. September	Islamistischer Terrorangriff in New York und Washington (Arlington)
2001-2014	Militärische Intervention der USA und ihrer Verbündeten in Afghanistan

Stationenlernen Kalter Krieg – Bestell-Nr. 11 887